はしがき

本書の特徴，商法で合格答案を書くための戦略

　平成28年の司法試験の合格者は前年比267名減の1583名でした。
　この数字を見て，「合格者数が大幅に減った……。これまでよりもすごい答案を書かないと合格できない……。」と思っていらっしゃる方もいるかもしれません。
　しかし，私はそうは思っていません。**合格者の答案は，それほど凄いことが書いてあるのではなく，当たり前のことを当たり前のように，しかし分かりやすく書いてあるだけ**なのです。
　そこでまず，商法における合格答案を書くために必要だと私が思う戦略について紹介します。それは，

> ① 毎年必ず出題される基本問題を絶対に落とさない。
> ② 任務懈怠の問題で，多くの事実を摘示，評価し高得点を目指す。
> ③ 初めて見る未知の問題は，条文を探し，趣旨から規範を導くことで食らいつく。

ということです。
　凄い答案を書く必要は全くありません。当たり前のことを当たり前のように書く，分からない問題は食らいつくといった姿勢を示すことで十分合格答案は書けるようになるのです。それを超えて上位答案さえ狙えるようになります。

　そこで，本書の前半では，合格答案を書くために必要十分，しかし「これだけで良いの？」と思えるような工夫，心構えについて紹介していきます。
　①については，最低限必要と思われる最重要論点を巻末資料として一覧にしました。ここに列挙された論点は，出題された場合必ず得点しなければなりません。一方，ここから外れた論点は基本的には現場思考型問題と考えて良いでしょう。また基本問題であっても差をつけるための答案作成のコツとして，答案の「前捌き」を紹介します（第1章）。
　②については，任務懈怠に関する問題への取り組み方（第2章），あてはめ

のコツ（第3章）についてそれぞれ紹介します。これらを実践できるようになれば任務懈怠の問題について高得点を狙えるようになるでしょう。あてはめのコツについては，他の論点，他の科目についても同様に使えるものなので，ぜひ参考にして下さい。

③については，未知の問題，現場思考問題に出会ってしまったときの対処方法について紹介します（第4章）。このような問題は必ず毎年出題されますが，対処方法を知ることで落ち着いて取り組めるようになるでしょう。

それぞれの章では，過去問の一部を用いた具体例・参考答案（本書に掲載されている参考答案は全て著者が作成したものです。）が掲載されており，どのようにして，紹介した方法を利用するのかについての理解を深めることができるようになっています。

本書の後半は，直近3年分（平成26～28年）の司法試験商法の問題を用いた実践的内容となっています。

私がどのように問題を読み，取り組んでいるのか，初めて問題を見た時にどのように感じながら解いているのかを，読者の皆さんに体験していただけるような構成となっています。

そして現場で初見の状態で問題を解くと考えた場合の，現実的な合格答案（A評価を受けることが出来ると思われるもの）を紹介します。もっともこの参考答案は，私が思う，現場で表現できる最高レベルのものであるため，この通りに完璧に書けなければならないという性質のものではありません。したがって，分からなかったところがあっても焦る必要はなく，しっかり復習することに努めてください。

その後，さらなる復習の便宜のため，より良い答案を目指すとした場合のポイントについて2周目の解説を行い，それを表現するとした場合の答案を紹介します。この際，通常の受験生では書けず合否に全く影響しないような論点については捨象します。なぜなら知っていても現場で書けない論点について深く勉強しても，司法試験の合格にはつながらないからです。

さらに巻末資料として，論点集（著者が実際に使っていたものです）の他，司法試験との関係で重要と思われる判例百選重要ランク分類表が掲載されています。勉強量を減らすための一例として掲載しましたので参考にしていただければと思います。

予備試験を目指す方も特に前半の第1，3，4章は試験に直結する内容とな

っているので，目を通していただければと思います。予備試験では，司法試験と比べても未知の問題が出題されることが多いので，第4章は是非読んでいただきたいです。

　全体を通じて，「これだけで良いの？」という感想を抱いていただけるような，コンパクトな内容となっていますが，日頃の皆さんの勉強と合わせれば，商法で合格答案を書くためには十分な内容となっています。
　合格答案と不合格答案の違いは知識量の多寡ではありません。法的思考能力を示せるか否かにあります。本書の前半を読むことで，知識の多寡に頼らない「合格思考」を体験していただけると思っています。後半を読むことで，問題にいかに取り組むと良いかが分かります。そしてそれらを実践していただくことで読者の皆さんの合格の手助けになればと思います。

　なお，本書は参考文献を以下のように略記しています。

リークエ	伊藤靖史・大杉謙一・田中亘・松井秀征『会社法〈第3版〉』（2015年，有斐閣（リーガルクエストシリーズ））
田中	田中亘『会社法』（2016年，東京大学出版会）
百選	岩原紳作・神作裕之・藤田友敬編　『会社法判例百選〈第3版〉』（2016年，有斐閣）

　本書を活用し，1人でも多くの受験生が，合格という結果を掴み取ることが出来ることを願っています。

平成28年11月　　冨永　勇樹

目　次

はしがき……………………………… i

第1部　基礎確認編

第1章　答案作成のコツ，前捌き……………………………2
1　はじめに……………………………………………………2
2　前捌きとは？………………………………………………2
　(1)　問題点…………………………………………………3
　(2)　具体例…………………………………………………4
　(3)　まとめ…………………………………………………6
3　実践…………………………………………………………7
　(1)　採り得る手段…………………………………………8
　(2)　考えられる瑕疵………………………………………9
　　ア　(a)　有利発行にあたった場合に株主総会特別決議が行われて
　　　　いない点について…………………………………9
　　　(ｱ)　瑕疵の有無…………………………………9
　　　(ｲ)　無効事由となるか…………………………10
　　イ　(b)　招集通知の瑕疵について………………………11
　　　(ｱ)　瑕疵の有無…………………………………11
　　　(ｲ)　無効事由となるか…………………………13
　　ウ　(c)　「著しく不公正な方法」による発行であることについて……13
4　おわりに……………………………………………………15

第2章　任務懈怠の問題への取り組み方………………………16
1　はじめに……………………………………………………16
2　任務懈怠に関する問題……………………………………16
3　任務懈怠とは？……………………………………………17
　(1)　役員が330条・民法644条を除く具体的な法令違反行為を
　　　行っている場合………………………………………17
　(2)　具体的な法令違反行為は行っていないが，役員の判断が
　　　不合理な場合（330条・民法644条違反）…………21
　　ア　取締役の任務内容…………………………………21
　　イ　任務違反の有無……………………………………22
　　ウ　もう1歩先へ………………………………………24
4　任務懈怠（(2)タイプ）に関する問題の論述……………26

⑴　Ｚ社の採り得る手段……………………………………………………28
　⑵　任務懈怠を除く要件の検討…………………………………………28
　⑶　任務懈怠に関する検討………………………………………………28
　　ア　前提の確認………………………………………………………28
　　イ　本論………………………………………………………………28
　　ウ　一般論と任務内容の画定………………………………………28
　　エ　任務違反の有無…………………………………………………29
　　オ　その他……………………………………………………………29
5　実践……………………………………………………………………31
　⑴　問題に取り組むにあたって…………………………………………36
　⑵　要件の概観……………………………………………………………36
　⑶　任務懈怠の有無の検討………………………………………………36
6　最後に…………………………………………………………………39

第3章　あてはめのコツ……………………………………………………40
1　はじめに………………………………………………………………40
2　あてはめと書き写しの違い…………………………………………40
3　実践……………………………………………………………………42
4　おわりに………………………………………………………………46

第4章　現場思考問題との戦い方…………………………………………47
1　はじめに………………………………………………………………47
2　知らない問題と出会ったときの心構え……………………………47
3　実践……………………………………………………………………48
　⑴　どうやって取り組むか………………………………………………49
　⑵　ベースとなった判例について………………………………………52
4　おわりに………………………………………………………………53

第2部　実践編

序章　実践編の説明……………………………………………………………56

第1章　平成26年……………………………………………………………57
第1　配点と設問の大枠を見る……………………………………………63
第2　問題文を読む，答案構成をする……………………………………64
　1　設問1………………………………………………………………67
　　⑴　設問1前段…………………………………………………………67
　　　ア　Cの採り得る手段……………………………………………67

	イ　新株発行の不存在事由··67
	(2)　設問１後段··68
2	設問２···69
	(1)　①Ｈの主張··69
	(2)　②甲社の主張··69
	(3)　③主張の当否··70
	ア　(a)について···70
	イ　(b)について···70
	ウ　(c)について···70
	エ　(d)について···71
3	設問３···72
	(1)　Ｄについて··72
	(2)　Ｅについて··73

第３　本年の問題のまとめ···73
　　【参考答案（現実的な答案）】···74
第４　２周目の解説···78
　1　設問１　本件株式発行にかかる法律関係···78
　2　設問２　908条２項と代理権濫用···78
　　(1)　論述が求められていた他の主張···78
　　(2)　①908条２項に基づくＨの主張··78
　　(3)　②Ｅの権限濫用に関する甲社の主張···79
　3　設問３　Ｄの責任について···79
　　(1)　責任追及の可否···79
　　(2)　Ｄの任務懈怠··80
　　(3)　帰責性・損害・因果関係···80
　4　設問３　Ｅの甲社に対する本件土地の所有権移転登記義務·······················80
　　【参考答案（出題趣旨を踏まえつつ修正した答案）】··81

第２章　平成27年···87
第１　配点と設問の大枠を見る···92
第２　問題文を読む，答案構成をする···93
　1　設問１···93
　　(1)　根拠条文···95
　　(2)　任務懈怠の認定···95
　　　ア　Ｂが甲社と競業関係にある乙社の顧問に就任し
　　　　　事業の陣頭指揮を執っていることについて·······································95
　　　　(ｱ)　競業取引（356条１項１号）該当性···96
　　　　(ｲ)　取締役会における承認決議（356条１項柱書）の有無···················97
　　　　(ｳ)　帰責性・損害・因果関係··97

イ　甲社のノウハウを活用するため，甲社の洋菓子工場の
　　　　工場長を務めるEを乙社に引き抜いたことについて…………98
　　　　(ｱ)　役員等………………………………………………………98
　　　　(ｲ)　任務懈怠の有無…………………………………………98
　　　　(ｳ)　帰責性・損害・因果関係………………………………99
　　2　設問2……………………………………………………………100
　　(1)　事業譲渡該当性………………………………………………102
　　　ア　第1取引と第2取引の一体性……………………………102
　　　イ　「事業の重要な一部の譲渡」……………………………103
　　　　(ｱ)　「事業……の譲渡」該当性……………………………103
　　　　(ｲ)　「重要な一部の譲渡」該当性…………………………104
　　(2)　株主総会特別決議を欠く事業譲渡の効力…………………104
　　3　設問3……………………………………………………………105
　　(1)　方針……………………………………………………………106
　　(2)　問題意識①に関して…………………………………………106
　　(3)　問題意識②に関して…………………………………………107
　第3　本年の問題のまとめ……………………………………………108
　　【参考答案（現実的な答案）】………………………………………109
　第4　2周目の解説……………………………………………………114
　　1　設問1　損害論…………………………………………………114
　　2　設問3　最判平24.4.24（百選29事件）……………………115
　　(1)　判旨のまとめ…………………………………………………117
　　　ア　取締役会決議による新株予約権の行使条件の変更の
　　　　可否について………………………………………………117
　　　イ　行使条件に反した新株予約権の行使による株式の発行の
　　　　効力について………………………………………………117
　　(2)　求められていた論述…………………………………………118
　　【参考答案（出題趣旨を踏まえつつ修正した答案）】……………119

第3章　平成28年………………………………………………………126
　第1　配点と設問の大枠を見る………………………………………131
　第2　問題文を読む，答案構成をする………………………………132
　　1　設問1……………………………………………………………134
　　(1)　小問(1)…………………………………………………………134
　　　ア　考えられる瑕疵…………………………………………134
　　　イ　手続的瑕疵が取締役会決議の無効事由となるか………135
　　(2)　小問(2)…………………………………………………………136
　　　ア　株主総会で取締役会へ報酬額の決定を一任することの可否…136
　　　イ　報酬額を事後的に変更することの可否………………137

         2　設問2 ……………………………………………138
          ⑴　小問⑴ ……………………………………140
           ア　考え方 …………………………………140
           イ　損害額の検討 …………………………141
          ⑵　小問⑵ ……………………………………141
           ア　①解任の訴えの手続 …………………141
           イ　②本問で解任の訴えを提起する場合の問題点 ……141
         3　設問3 ……………………………………………142
          ⑴　方針 ………………………………………144
          ⑵　C・Dに共通する事情 ……………………144
          ⑶　Cの責任について ………………………146
           ア　役員等 …………………………………146
           イ　任務懈怠の有無 ………………………146
          ⑷　Dの責任について ………………………147
           ア　役員等 …………………………………147
           イ　任務懈怠の有無 ………………………147
           ウ　帰責性・損害・因果関係 ……………147
        第3　本年の問題のまとめ ………………………………148
          【参考答案（現実的な答案）】………………………149
        第4　2周目の解説 ………………………………………154
         1　設問1小問⑵　最判平4.12.18（百選62事件）………154
         2　設問2小問⑴　経営判断原則と「正当な理由」………154
         3　設問2小問⑵ …………………………………155
          ⑴　小問①について …………………………155
          ⑵　小問②について …………………………155
         4　設問3　損害額 …………………………………156
          【参考答案（出題趣旨を踏まえつつ修正した答案）】………158

おわりに………………………………164

巻末付録
　論点集……………………………165
　判例百選　重要ランク分類表……180

　判例索引…………………………189

第1部

基礎確認編

第1部　基礎確認編

第1章　答案作成のコツ，前捌き

1　はじめに

　「論点は分かっているのに，点数が伸びない……」「なぜか論述の流れが悪いと言われた……」「論点主義的な答案だね，と言われた……」そんな経験はありませんか。

　その原因の1つとして，答案における，「前捌き」が出来ていないのかもしれません。

　ここでは答案における「前捌き」のコツを掴んで，流れるような答案を作るためのポイントを紹介します。

2　前捌きとは？

　答案における「前捌き」なんて聞いたことないよ！という方が多いと思います。なぜならこれは私が言っていることに過ぎないからです。

　「前捌き」とは，一般的に言えば，論点へたどり着くための思考過程を示すことです。

　では「前捌き」の一般的な意味がなんとなく分かったところで，具体例を見ながら考えてみましょう。昭和61年の旧司法試験商法（第1問）です。

◆旧司昭和61年　第1問

　甲は，乙株式会社（発行済株式総数500万株）の株式1万株を証券会社を通じて購入し，株券を提示して株主名簿の名義書換を請求したが，乙会社は，当該株券につき株主名簿上の株主から盗難届が出されていることを理由に，名義書換を拒絶した。その後，300万株の株式を有する株主が出席した乙会社の株主総会において，200万株の株式を有する株主の賛成で取締役選任の決議がされたが，甲には，その総会の招集通知が発せられていなかった。乙会社の株主丙は，甲に招集通知が発せられなかったことを理由に，その決議の取消しを求める訴えを提起した。

　この請求は認められるか。

論点の抽出はできたでしょうか。
① 一部の株主に対する招集通知漏れがあったことが株主総会決議の取消事由にあたるか[1]
② 株主名簿の名義書換請求の不当拒絶[2]
③ 他の株主に対する招集通知漏れを理由とする株主総会決議の取消請求の可否[3]
④ 裁量棄却の可否[4]

などが論点として抽出できると思います。ここでは全てについて検討するのではなく，①②のみを題材に，「前捌き」とは何かを見ていきましょう。

> **前捌きが出来ていない答案**
>
>
> 　本問の株主総会決議は取り消しうるか。乙社は甲による株主名簿の名義書換請求を拒絶していることが問題となる。
> 　そもそも130条1項，2項の趣旨は絶えず変動する株主を会社との関係で固定化し，会社の事務処理上の便宜を図る点にある。そこで会社が名義書換請求を不当に拒絶した場合には，会社の保護を図る必要がないため，当該株主は会社に対して自己が株主であることを対抗できると考える。
> 　本問では……

(1) 問題点

まず，問いと結論が対応していませんね。つまり，「株主総会決議は取り消しうるか」という問いを立てているのに，「株主は会社に対して自己が株主であることを対抗できる，できない」という結論が導かれることになってしまいそうです。

なぜこのようなことが起きるのでしょうか。その理由は論点に飛びついてしまっているからです。そして書いている人にとっては，論点が書けたという良い感触が残ってしまうため，自分の感覚と実際の評価が乖離してしまうのです。出来たと思ったのに想定外に悪い評価がされた，と感じることがある人は前捌

---

[1] この論点につき，詳しくはリークエ143頁，田中160頁。
[2] この論点につき，詳しくはリークエ112頁，田中115頁。
[3] この論点につき，詳しくはリークエ165頁，田中191頁。
[4] この論点につき，詳しくはリークエ164頁，田中193頁。

きがうまく出来ていないのかもしれません。

「前捌き」とは，論点へたどり着くための思考過程を示すことです。つまり，なぜその問題でその論点が出てくるのか，という思考過程を答案に書くのです。これを書かずにいきなり論点を書いてしまうと，論点主義的な答案である，という印象を持たれてしまうのです。

(2) 具体例

具体的に上記の問題を使って「前捌き」をやってみましょう。まず本件で問われているのは，「株主総会決議を取り消しうるか」ということです。

ではどのような場合に株主総会決議を取り消しうるのでしょうか。条文は831条1項1号前段ですね。そこには，「株主総会等の招集の手続……が法令……に違反し」た場合に決議を取り消しうるとあります。

本件では手続が何条に違反しているのでしょうか。まず，問題視されている行為は乙社が甲による株主名簿の名義書換請求を拒絶したことですね。これと関係する条文は130条1項，2項です。つまり，会社に株主であることを対抗できる株主による名義書換請求を，会社が拒絶した場合には同条に違反するということです。

ここで130条違反だから831条1項1号前段にあたる，とするのは気が早すぎます。名義書換請求に違反したことは「株主総会等の招集の手続」の法令違反ではありません。ここでいう「法令」とは299条1項です。130条によれば，甲は乙社との関係で同社の株主であることを対抗できるのであり，乙社は本来甲に対して株主総会招集通知を送付しなければなりません。しかしそれを怠っているので，これが299条1項に違反し，831条1項1号前段の株主総会決議の取消事由にあたるのです。

多くの条文が引用されていますね。条文知識をアピールするためには，前捌きをしっかりやることが不可欠です。

今の思考を整理すると，以下のようになります。

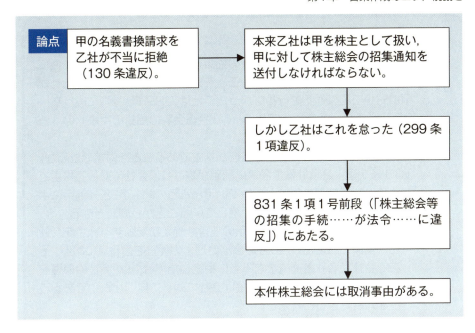

しかし,先ほどの【前捌きが出来ていない答案】で示されていた思考過程は以下のようなものでした。

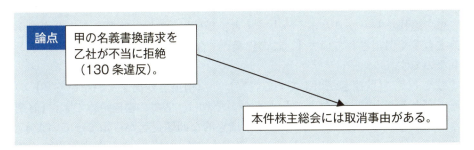

　これでは法律論としての体をなしていませんよね。そのため,論点は書けていても評価されないのです。**論文式試験は,論点を知っているかを問うものではなく,法的思考能力の高さを試すもの**です。ですから,論点が書けていても,**法的思考が十分示されていないのであれば,良い評価を受けることができない**のは当然なのです。

　以上のことを踏まえると,前捌きを行った答案は以下のようになるはずです。

前捌きが出来ている答案

1 本問では甲に対して株主総会の招集通知が発せられていない。仮に甲が乙社との関係で株主であることを対抗できるのであれば、乙社が甲に対して招集通知を行わなかったことは299条1項に違反し、831条1項1号前段の定める、「株主総会等の招集の手続」の「法令……違反」があることになる。

2 では、甲は乙社との関係で自己が株主であることを対抗できるか。130条1項、2項は株主名簿に記載がなければ会社に対して株主であることを対抗できないと定めているところ、本件で、乙社は甲による株主名簿の名義書換請求を拒絶していることから問題となる。

(1) そもそも130条1項、2項の趣旨は絶えず変動する株主を会社との関係で固定化し、会社の事務処理上の便宜を図る点にある。そこで会社が名義書換請求を不当に拒絶した場合には、会社の保護を図る必要がないため、当該株主は会社に対して自己が株主であることを対抗できると考える。

(2) 本問では……

(3) **まとめ**

思考過程をしっかりと示そうとすると、このような長い答案になるはずです。条文も多く引用されています。この作業が、合格答案を作成するためのポイントなのです。

もう1点、【前捌きが出来ている答案】と【前捌きが出来ていない答案】の違いがあることにお気付きでしょうか。それは、**答案の書き始め**です。【前捌きが出来ていない答案】ではいきなり抽象的な問題提起から始まっています。これは印象が良くないです。具体的な事実も書かずにいきなり論点が出てくることはありえないはずです。一方【前捌きが出来ている答案】では、まず**本問の具体的事実を摘示することから、問題提起**をしています。これも**論点主義的な答案にならないためのポイント**です。

> **まとめ**
> ・答案の「前捌き」とは，論点に至るまでの法的思考を示すもので高得点を取るための重要な要素である。
> ・前捌きが出来ている答案とは，①最終的な結論に至るまでの法的思考が，条文を引用しつつ論理的に展開されており，②具体的な事実関係から問題提起が行われている答案である。

3 実践

　前捌きが何であるか分かったら，あとは実際にやってみるのみです。平成19年の新司法試験商法の問題を素材に挑戦してみましょう。

◆**平成19年　新司法試験　問題（一部省略・加筆あり）**

　甲株式会社（以下「甲会社」という。）は，自動車の電子部品を製造する会社である。甲会社は兄弟であるA1とB1が中心となってその設立を行ったものであり，その後も，A1が代表取締役社長，B1が取締役副社長として，甲会社の共同経営を行ってきた。
　甲会社は，平成7年4月に，多角化の一環として，ゲームソフト開発部門を創設した。
　（中略）
　甲会社の取締役会は5名で構成され，A1及びその妻A2，B1及びその友人B2並びに取引金融機関から出向しているDが取締役に就任していた。
　甲会社の業績は好調であったが，平成17年の秋以降，過酷な競争にさらされ，その成長に陰りが見え始めた。これとともに，その経営方針をめぐって，A1とB1との間で争いが生ずるようになり，甲会社の株価も300円前後と低迷した。
　このような状況下で，自動車部品の総合メーカーである乙株式会社（以下「乙会社」という。）から，甲会社に対し，自動車部品の製造におけるシナジー（相乗）効果を期待して，経営統合の話が持ち込まれた。A1は，自動車部品製造の業界における自力での生き残りは難しいと判断して，乙会社の提案に前向きの姿勢を見せた。これに対し，B1は，あくまで自主経営を目指すべきであるとして，B1を中心とする経営陣による甲会社株式に対する公開買付けの実施について外資系ファンドとの交渉を始めた。甲会社をめぐるこれらの動きが新

第1部　基礎確認編

> 聞で報道されたことを契機として，甲会社の株価は平成18年5月中旬には900円台に急騰した。
> 　平成18年6月7日，甲会社は，臨時取締役会を開催して，乙会社に対する募集株式の第三者割当てを決定した（1株あたり300円）。この件に関しては，甲会社の株主総会は開催されていない。かかる決定に際しては，B1らの反対が予想されたため，A1は，B1及びB2が海外出張に出かけた時期を見計らって臨時取締役会を開催することとした。甲会社の定款には，取締役会の招集通知について会日の2日前までに発するとする定めがあり，当該取締役会の書面による招集通知はB1及びB2が海外出張中である6月4日に発され，また，B1及びB2は，同日に電子メールでも招集通知と同内容の連絡を受けた。しかし，B1及びB2は，結局6月7日の臨時取締役会までに帰国することができず，同取締役会では，取締役5名中3名が出席し，出席者全員の賛成で募集株式の発行に係る議案が可決された。
> （中略）
> 　海外出張から帰国したB1は，かかる第三者割当ての決定に対して猛烈に反発した。そこで，A1は，ゲームソフト開発部門の事業譲渡等によるB1の独立を提案してB1と交渉を開始したものの，その途中に，先の第三者割当てによる募集株式の発行を強行した。結局，B1の独立は実現しなかった。第三者割当ての実施によって，乙会社は，甲会社の議決権の55パーセントを保有する株主となった。なお，第三者割当てによる募集株式発行については，適法な公告が行われたほか，募集株式の割当て及び払込みについての手続に法令違反はなかった。
> （中略）
>
> 〔設問〕
> 　甲会社の乙会社に対する募集株式の発行が行われた後において，B1はどのような法律上の措置を執ることができるか，あなたの意見を述べなさい。

(1)　採り得る手段

　まず，既に甲社は乙社に対して株式を発行してしまっているので，B1が採り得る手段は新株発行無効の訴え（828条1項2号）です。

　かかる訴えを適法に提起するためには，同条1項2号及び2項2号によれば，①株式の発行の効力が生じた日から6箇月以内（公開会社でない株式会社にあっては，株式の発行の効力が生じた日から1年以内）に提起すること，②当該

株式会社の「株主等」による提起であることが必要です。

本件では，B1は取締役副社長であることから，甲社の「株主等」にあたります（②）。また①については，具体的事実がないので，要件を記載しておけば足りるでしょう。

次に，新株発行無効事由の有無が問題となります。考え方としては，まず**本問の新株発行にいかなる瑕疵があり，それが無効事由にあたるか**，という順番で考えれば良いでしょう。

(2) 考えられる瑕疵

本問で考えうる瑕疵としては，(a)**有利発行にあたった場合に株主総会特別決議が行われていないこと**，(b)**招集通知の瑕疵**，(c)**「著しく不公正な方法」(210条2号)による発行であること**，が挙げられます。それぞれにつき，どのように前捌きを行うか見てみましょう。

ア (a) 有利発行にあたった場合に株主総会特別決議が行われていない点について

(ア) 瑕疵の有無[5]

本問では募集株式発行に際して，取締役会決議がなされているのみで，株主総会特別決議がなされていません。そのため，仮に本問の**株式発行が有利発行（199条3項）にあたるとすれば，株主総会特別決議が必要となる**（309条2項5号・199条2項・201条1項）ところ，**本問ではこれがなされていないので瑕疵**があることになります。そこで，そもそも本件の株式発行が有利発行にあたるか問題となるのです。

図で思考過程を確認しましょう。これを解答の形で表すと以下のようになります。

---

[5] この論点につき，詳しくはリークエ311頁，田中460，470頁。

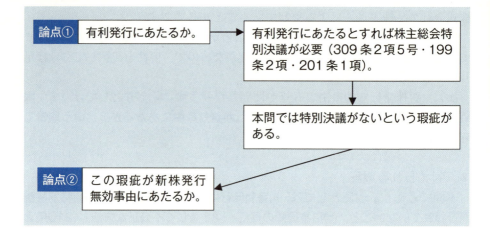

【参考答案】

　本件株式発行は，取締役会決議によってなされているのみで株主総会特別決議を経ていない。しかし，本件株式発行が「特に有利な金額」（199条3項）でなされたとすると，株主総会特別決議を経ていないことは309条2項5号・199条2項・201条1項に反することになる。

　そこで本件株式発行が「特に有利な金額」でなされたか否かが問題となる。

(イ) 無効事由となるか[6]

　結論として，有利発行にあたらないと考えるのであれば，新株発行に瑕疵はなく無効事由はないということになります。**仮に有利発行にあたると考えるとしても**，最判昭46.7.16（百選24事件）は，かかる瑕疵は**無効事由にあたらない**としているので，結局新株発行は無効とはならないということになります。

---

[6] この論点につき，詳しくはリークエ329頁。

■最判昭 46.7.16（百選 24 事件）
【判旨】
　株式会社の代表取締役が新株を発行した場合には，右新株が，株主総会の特別決議を経ることなく，株主以外の者に対して特に有利な発行価額をもって発行されたものであつても，その瑕疵は，新株発行無効の原因とはならないものと解すべきである。

イ (b) 招集通知の瑕疵について
(ア) 瑕疵の有無[7]
　仮に本件株式発行が有利発行にあたらないとしても，**本件では取締役会決議により株式が発行されているところ，これが無効であり，取締役会決議を欠く新株発行として瑕疵が認められないのではないか**という問題が生じます。
　つまり，本件では反対が予想されるＢ１及びＢ２が海外出張に出かけた時期を見計らって臨時取締役会を開催しているため，定款の定めを濫用してＢ１らが帰ってくることが出来ない時に招集通知を送ったという瑕疵があり，それが取締役会決議，ひいては株式発行の瑕疵になるのではないか，という問題です。
　図で思考過程を確認しましょう。

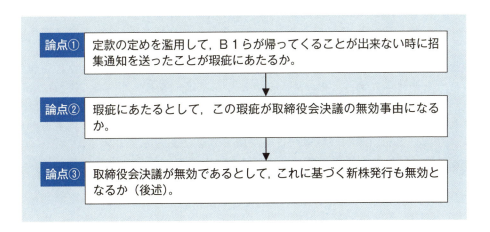

---

[7] この論点につき，詳しくはリークエ 182, 185 頁，田中 222, 225 頁。

論点が3つ並んでいるわけですね。1つ1つはそこまで難しい問題ではないものの，これらの関連性を意識した論述をしないと，良い評価は得られないと思われます。

このように論点が連続している場合は，最初に全体像を示すのが難しいので，論点と論点の接続を意識した記述をすると良いでしょう。

以下のような解答例が考えられます。

【参考答案】

1　まず本問では，甲会社の定款に取締役会の招集通知について会日の2日前までに発するとする定めがあり，A1はこれに従って平成18年6月7日開催の取締役会の通知を，同年6月4日にB1及びB2に対して行っている。

　しかしB1及びB2は4日の時点で海外出張中であり，7日に帰国して取締役会に出席することは不可能であった。そこで，A1が決議に反対すると予想されるB1及びB2の出席を妨げるため，定款の定めを濫用して，このような方法で招集通知を送ったことが，368条1項に反するとして取締役会決議の瑕疵にあたると言えないか。

(1)　そもそも，同項の趣旨は取締役会決議の公正性・適法性を担保するため，取締役に取締役会への出席の機会を与える点にある。そこで，かかる趣旨を没却するような方法でなされた招集通知は，同項に違反し取締役会決議の瑕疵にあたると考える。

(2)　本問では，A1が決議に反対すると予想されるB1及びB2の出席を妨げるため，上記のような方法で招集通知を行っており，決議にB1及びB2の反対意見が全く反映されない結果となっている。これは取締役会決議の公正性・適法性を害すると言え同項の趣旨に反するから，上記招集手続は取締役会決議の瑕疵にあたると言える。

2　では，かかる招集手続の瑕疵により，本件の取締役会決議は無効となるか。

(1)　取締役会決議に瑕疵があった場合の効力について明文はないことから，民法の一般原則により，かかる瑕疵により取締役会決議は原則として無効となると考える。もっとも迅速な意思決定の観点から，出席できなかった取締役が仮に取締役会に出席していたとしても結論に影響がなかったと言える特段の事情がある場合には，例外的に決議は有効になると考える。

> (2) 本問では、取締役会を構成しているのは5名であり、A1とA2の2名が賛成、B1とB2の2名が反対の立場を明確にしていた。Dは中立の立場にあり、B1らの説得によっては立場を覆すことも考えられたから、結論に影響がなかったと言える特段の事情があったとは言えない。
> (3) よって本件の取締役会決議は無効であり、不存在になると考える。

　実は論点①は現場思考問題でした。第4章で述べるように、趣旨から規範を立てて結論を導きましょう

(イ) 無効事由となるか[8]

　では、この瑕疵により新株発行は無効となるでしょうか。
　新株発行後にこれを無効とすると、著しく取引安全を害するという話は聞いたことがあると思います。そうだとすれば、取引安全のため無効事由は重大な法令違反がある場合に限定するべきです。
　そして取締役会決議の有無は会社の内部的事由に過ぎないのですから、**取締役会決議を欠くという瑕疵も重大な法令違反とまでは言えず、新株発行は無効とはならない**と解することが可能でしょう（最判昭36.3.31）。

ウ (c) 「著しく不公正な方法」による発行であることについて[9]

　さらに、本件ではA1らとB1らとの間に経営権について争いが生じていたのですから、**新株発行が「著しく不公正な方法」（210条2号）によって行われたのではないか**問題となりえます。仮に「著しく不公正な方法」にあたると考えれば、無効事由となりえる（神戸地判平5.2.24参照）ので、この点についての検討も忘れないようにしましょう。
　もっとも、最判平6.7.14（百選102事件）は著しい不公正発行による場合でも、新株発行は無効とならないとしています。

---

[8] この論点につき、詳しくはリークエ329頁、田中494頁。
[9] この論点につき、詳しくはリークエ329頁、田中494頁。

■最判平6.7.14（百選102事件）
【判旨】
　新株発行は，株式会社の組織に関するものであるとはいえ，会社の業務執行に準じて取り扱われるものであるから，右会社を代表する権限のある取締役が新株を発行した以上，たとい，新株発行に関する有効な取締役会の決議がなくても，右新株の発行が有効であることは，当裁判所の判例……の示すところである。この理は，新株が著しく不公正な方法により発行された場合であっても，異なるところがないものというべきである。また，発行された新株がその会社の取締役の地位にある者によって引き受けられ，その者が現に保有していること，あるいは新株を発行した会社が小規模で閉鎖的な会社であることなど，原判示の事情は，右の結論に影響を及ぼすものではない。けだし，新株の発行が会社と取引関係に立つ第三者を含めて広い範囲の法律関係に影響を及ぼす可能性があることにかんがみれば，その効力を画一的に判断する必要があり，右のような事情の有無によってこれを個々の事案ごとに判断することは相当でないからである。

思考過程は以下の通りです。

| 論点① | 「著しく不公正な方法」（210条2号）による新株発行か（主要目的ルール）。 |

↓

| 論点② | かかる新株発行に無効事由があるか。 |

【参考答案】
　本件ではＡ１らとＢ１らとの間に経営権について争いが生じているにもかかわらず，Ａ１らによって乙社に対して新株発行がなされている。そこで，かかる新株発行が「著しく不公正な方法」（210条2号）によって行われたとして無効とならないか。「著しく不公正な方法」に該当するか否かの判断基準が問題となる。

4　おわりに

　「前捌き」とは何かがお分かりいただけましたか。論点が分かっていても，前捌きが不十分だと，高い評価を得ることは難しいでしょう。せっかく勉強したのに点数が取れなければ意味がありません。ですから，事実から論点提起までの思考過程をしっかり示し，合格への最短ルートを進みましょう。

第1部　基礎確認編

第2章　任務懈怠の問題への取り組み方

1　はじめに

　司法試験における商法の問題では，これまでほとんど全ての年（平成25年を除く全ての年）で役員の任務懈怠に関する問題が出題されています。そして今後も同じ出題がなされることが予想されます。
　これは合格を目指す皆さんにとっては絶対に見落とせない事実ですよね。なぜなら**出る問題が分かっていて，しかも配点も高い**のですから。そうだとすれば，その**取り組み方を知っているだけで，商法で確実に点数が取れる**んです。
　そこでここでは，任務懈怠に関する問題への取り組み方を確認しておきましょう。

2　任務懈怠に関する問題

　任務懈怠に関する問題と言っても，実はいろいろなものがあります。過去に出題された問題には以下のようなものがあります。

- 423条1項に基づく役員への責任追及の可否を問う問題（平成18年，19年，22年，23年，24年，26年，27年，28年）
- 429条1項に基づく役員への責任追及の可否を問う問題（平成20年，22年，予備27年）
- 429条2項に基づく役員への責任追及の可否を問う問題（平成22年）
- 360条1項に基づき，役員の行為の差止めの可否を問う問題（平成21年）
- 52条1項，53条1項に基づき，設立時取締役の責任追及の可否を問う問題（平成22年）
- 462条，465条に基づく役員への責任追及の可否を問う問題（平成23年）

　もっとも，これら全ての問題において役員が任務を怠ったか否かが問われており，問われ方は違えども，**共通した考え方で対応することが可能**です。しかも任務懈怠に関する問題では，**事実をたくさん拾って評価するという作業が要求されるため，必然的に配点も高くなります**。
　ですから，高い頻度で出題されるこの問題で，**高得点を目指しましょう**。そ

れが合格への近道です。

3 任務懈怠とは？

　任務懈怠とは，「任務」を「懈怠」すること，分かりやすくいえば本来やるべき事柄（任務）を行わなかった（懈怠）ことを言います。

　ですから，任務懈怠の問題を解くに当たっては，まず**「なすべき任務が何なのか」**，そして**「役員がその任務を行っていないか」**，という意識を持つことが重要です。

　そしてこの観点から，任務懈怠に関する問題の考え方は２つのパターンに分かれます。

(1)　役員が330条・民法644条を除く具体的な法令違反行為を行っている場合
(2)　具体的な法令違反行為は行っていないが，役員の判断が不合理な場合（330条・民法644条違反）

　そこで，以下それぞれのパターンにつき，考え方を確認していきましょう。

(1)　役員が330条・民法644条を除く具体的な法令違反行為を行っている場合[10]

　任務懈怠には，「法令」（355条）違反行為も含まれるところ，ここでいう「法令」には，会社を名宛人とする全ての規定が含まれます。

　会社がその業務を行うに際して法令を遵守（順守）すべきことは当然ですが，取締役が会社の業務執行を決定し，その執行にあたる立場にあることに照らせば，会社をして法令違反をさせることのないように，取締役も会社を名宛人とする全ての規定を遵守（順守）する義務を負うと考えるべきだからです（最判平12.7.7）。

　そのため，**役員が法令違反行為を行った場合には，「法令違反行為を行ってはならない」という任務を「怠った」として，任務懈怠が当然に認められることになる**のです。

　このように書くと当たり前のように思われるのですが，実は間違えやすいところなので注意してください。**法令違反行為は直ちに任務懈怠を導く**ということを覚えておきましょう。

　それでも間違えてしまう人が多いと思います。なぜなら，任務懈怠というと，(2)で出てくる経営判断原則が有名だからなんですね。任務懈怠だ！と思うと経

---

[10] この論点につき，詳しくはリークエ236頁，田中262頁。

営判断原則に飛びついてしまう方はいませんか。注意してくださいね。経営判断原則は、まずその判断が法令に抵触していないことを前提とするという考え方が一般的です。ですから、法令違反行為を行っている場合は、それ自体で任務懈怠があるということになります。

ではここで1問、この考え方で解ける問題を見ておきましょう。平成27年予備試験商法の問題（一部省略）です。

◆**平成27年　予備試験　問題（一部省略）**

　X株式会社（以下「X社」という。）は、昭和60年に設立され、「甲荘」という名称のホテルを経営していたが、平成20年から新たに高級弁当の製造販売事業を始め、これを全国の百貨店で販売するようになった。X社の平成26年3月末現在の資本金は5000万円、純資産額は1億円であり、平成25年4月から平成26年3月末までの売上高は20億円、当期純利益は5000万円である。

　X社は、取締役会設置会社であり、その代表取締役は、創業時からAのみが務めている。また、X社の発行済株式は、A及びその親族がその70％を、Bが残り30％をいずれも創業時から保有している。なお、Bは、X社の役員ではない。X社の取締役であり、弁当事業部門本部長を務めるCは、消費期限が切れて百貨店から回収せざるを得ない弁当が多いことに頭を悩ませており、回収された弁当の食材の一部を再利用するよう、弁当製造工場の責任者Dに指示していた。

（中略）

　平成26年8月、X社が製造した弁当を食べた人々におう吐、腹痛といった症状が現れたため、X社の弁当製造工場は、直ちに保健所の調査を受けた。その結果、上記症状の原因は、再利用した食材に大腸菌が付着していたことによる食中毒であったことが明らかとなり、X社の弁当製造工場は、食品衛生法違反により10日間の操業停止となった。

（中略）

　Eらは、食中毒により被った損害のうち、なお1億円相当の額について賠償を受けられないでいる。また、X社の株式は、X社に係る破産手続開始の決定により、無価値となった。

（中略）

〔設問〕Cは、食中毒の被害者であるEらに対し、会社法上の損害賠償責任を負うかについて、論じなさい。

まず、本問で問われているのはX社の取締役として「役員等」にあたるCの責任です。そして、損害賠償請求を行うのは食中毒の被害者として「第三者」にあたるEです。ですから、本件の請求の根拠は429条1項です。

同項を見ると、「その職務を行うについて悪意又は重大な過失があったときは……責任を負う」とあります。そして悪意又は重過失の対象は任務懈怠であると解されていますから、本問でCに任務懈怠があったか否かが問題となるのです。

ではCに任務懈怠があったのでしょうか。

少なくない受験生は、ここで経営判断原則に関する記述を展開したようです。しかしちょっと待ってください。消費期限切れの弁当の食材を再利用することが、役員の経営判断として許されうるのでしょうか。

第4段落の最後にあるように、このような判断は食品衛生法違反にあたり許されないのです。法律論を離れて考えてみても、このような行為が許されないことは当然ですよね。ですから、消費期限切れの弁当の食材を再利用することを指示したCには当然に任務懈怠が認められるのです。その他の事情は悪意又は重過失の認定に用いることになります。

厳密に法令を解釈すると、食品衛生法は355条の「法令」に含まれ、Cはこれを遵守する法律上の義務を負うところ、上記の通りCはかかる義務に違反しているから、355条違反が認められ、これが任務懈怠にあたるという流れになります。もっともこのような厳密な法令解釈をすることは合格のために必須とまでは言えないので、まず任務懈怠の認定に力を注ぐようにしましょう。

繰り返しますが、ここでのポイントは法令違反行為が直ちに任務懈怠を導くことです。経営判断原則に飛びついてはいけません。

【参考答案】

1　本問CはX社の取締役として「役員等」にあたるところ、回収された弁当の食材の一部を再利用するよう、弁当製造工場の責任者Dに指示している。そこでこれによって食中毒被害にあったEに対し、429条1項に基づく責任を負わないか。

2　まず「悪意又は重大な過失」（429条1項）はいかなる事項につき存する必要があるかが問題となる。

(1)　同項の趣旨は、株式会社が経済社会において重要な地位を占めており、その活動が取締役などの職務執行に依存していることにかんが

み，取締役らの責任を加重して第三者を保護する点にある。
　そこで「悪意又は重大な過失」は，任務懈怠につき存すれば足りると考える。
(2)　ではCに任務懈怠があったと言えるか。
　ア　355条により取締役は法令を遵守する義務を負うところ，会社法以外の法令に違反した場合でも会社に損害が生じうるから，同条の「法令」には，食品衛生法も含まれると考える。
　イ　本問Cは回収された弁当の食材の一部を再利用するという食品衛生法に違反する行為を行うよう命じているから，法令違反行為を行っていると言え，法令遵守義務に違反し任務懈怠が認められる。
(3)　Dに再利用を命じた当時，Cは高級弁当の製造販売事業という食品事業を営むX社の取締役であったうえ，同社の弁当事業部門において本部長という責任ある立場にあった。また，食品に関する不祥事が頻発し，食の安全に対する意識が高まっている今日において，上記の地位にあるCは，食の安全に細心の注意を払うべき義務を負っていたというべきである。
　かかるCの役職や立場に照らせば，消費期限切れの食品の再利用が食品衛生法に抵触することにつき，Cは知っていたものと考えられる。また，仮に知らなかったとしても，Cの負うべき上記義務に照らせば，知らなかったことにつき，Cには少なくとも重大な過失があったといえる。
　よってCには「職務を行うについて……重大な過失があった」と言える。
3　そして「第三者」（429条1項）たるEは健康被害に伴う1億円の「損害」（同項）を被っている。また損害とCの任務懈怠との間に因果関係が認められる。
4　以上より，CはEに対して429条1項に基づき1億円の損害を賠償する責任を負う。

(2) 具体的な法令違反行為は行っていないが，役員の判断が不合理な場合（330条・民法644条違反）[11]

ア 取締役の任務内容

しつこく述べたとおり，法令違反行為がない場合に初めて，次のステップに進みます。

まず**具体的な事実関係から，役員の任務の内容を画定**しましょう。ここが，法令違反がある場合との違いです。**具体的事実関係によって任務の内容は変わります**。

たとえば，取締役の中でもコンプライアンス部門の担当者と，全体を統括する代表者とでは，地位は後者が高いにもかかわらず，ことコンプライアンスに関する事項については，前者の方が要求される任務の内容が厳しいこともあるのです。

ここで参考になるのは，最判平20.1.28（百選51事件）です。

■最判平20.1.28（百選51事件）
【判旨】
　……第1融資に係る債権の回収は専らB社の業績及び株価に依存するものであったということができる。株式は不動産等と比較して価格の変動幅が大きく，景気動向や企業の業績に依存する度合いが極めて高いものであることに加えて，融資先はいずれもB社の関連企業であり，いったんB社の業績が悪化した場合には，B社の株価すなわち担保価値の下落と融資先の業績悪化とが同時に生じ，たちまち債権の回収が困難となるおそれがあるから……巨額の融資を行うことは，そのリスクの高さにかんがみ，特に慎重な検討を要するものというべきである。しかも，第1融資は，……新株発行後のB社の発行済株式総数に占める担保株式の割合等に照らし，融資先が弁済期に担保株式を一斉に売却すれば，それによって株価が暴落するおそれがあることは容易に推測できたはずであるが，その危険性及びそれを回避する方策等について検討された形跡はない。一般に，銀行が，特定の企業の財務内容，事業内容及び経営者の資質等の情報を十分把握した上で，成長の可能性があると合理的に判断される企業に対し，不動産等の確実な物的担保がなくとも積極的に融資を行ってその経営を金融面から支援することは，必ずしも一律に不

---

[11] この論点につき，詳しくはリークエ231頁，田中259頁。

> 合理な判断として否定されるべきものではないが，Ｂ社については，第１融資を決定する以前の昭和60年調査及び昭和63年調査において，その財務内容が極めて不透明であるとか，借入金が過大で財務内容は良好とはいえないなどの報告がされていたもので，このような調査結果に照らせば，Ａ銀行が当時採用していた企業育成路線の対象としてＢ社を選択した判断自体に疑問があるといわざるを得ないし，Ｂ社を企業育成路線の対象とした場合でも，個別のプロジェクトごとに融資の可否を検討するなどその支援方法を選択する余地は十分にあったものと考えられ，あえて第１融資のようなリスクの高い融資を行ってＢ社を支援するとの判断に合理性があったとはいい難い。
> 　第１融資を行うことを決定した被上告人らの判断は，第１融資が当時Ａ銀行が採用していた企業育成路線の一環として行われたものであったことを考慮しても，当時の状況下において，銀行の取締役に一般的に期待される水準に照らし，著しく不合理なものといわざるを得ず，被上告人らには銀行の取締役としての忠実義務，善管注意義務違反があったというべきである。

　すなわち，「銀行」の取締役の地位にあるという特殊性にかんがみ，特に高度の注意義務が課されているのです。
　ですから，漫然と「Ａには注意義務がある」とするのではなく，会社の種類や，当該役員の役職などに着目し具体的な任務の内容を書くと，得点が上がることに加え，その後の懈怠の認定もやりやすくなるでしょう。

イ　任務違反の有無

　次に，任務に違反したか否かを判断します。ここで出てくるのが，皆さんよくご存知の経営判断原則です。これに関する重要判例を確認しておきましょう。最判平22.7.15（百選50事件）です。

> ■最判平22.7.15（百選50事件）
> 【事実関係】
> 　Ｚ社はＡ社の株式の66.7％を保有していたところ，機動的な経営のため，Ｚ社の役員らはＺ社の完全子会社であるＢ社を存続会社とするＡＢ間の吸収合併を計画していた。Ｚ社では，円滑な事業遂行を図る観点から，株式交換ではなく，可能な限り任意の合意に基づく買取りを実施すべきであること，

その場合の買取価格は払込金額である5万円が適当であることなどが協議され決定された。その際、助言を求められた弁護士は、基本的に経営判断の問題であり法的な問題はないこと、任意の買取りにおける価格設定は必要性とバランスの問題であり、合計金額もそれほど高額ではないから、Aの株主である重要な加盟店等との関係を良好に保つ必要性があるのであれば許容範囲である旨の意見を述べた。

　Z社は協議結果の通り、A社株式3160株を1株当たり5万円、代金総額1億5800万円で買い取った。もっとも、Z社が株式交換比率の算定を依頼した監査法人等2社によれば、Aの1株当たりの株式評価額が9709円、または6561円ないし1万9090円であるとされた。

　そこで、Z社の株主は、Z社の取締役に対して、善管注意義務違反によりZ社に損害を発生させているから、423条1項により損害賠償責任を負うとして、株主代表訴訟を提起した。

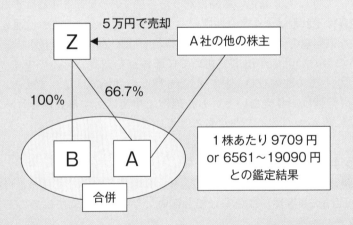

【判旨】

　本件取引は、AをBに合併して不動産賃貸管理等の事業を担わせるというZのグループの事業再編計画の一環として、AをZの完全子会社とする目的で行われたものであるところ、このような事業再編計画の策定は、完全子会社とすることのメリットの評価を含め、将来予測にわたる経営上の専門的判断にゆだねられていると解される。そして、この場合における株式取得の方法や価格についても、取締役において、株式の評価額のほか、取得の必要性、Zの財務上の負担、株式の取得を円滑に進める必要性の程度等をも総合考慮

> して決定することができ，その決定の過程，内容に著しく不合理な点がない限り，取締役としての善管注意義務に違反するものではないと解すべきである。

　先に画定した任務に違反していれば，任務懈怠が肯定されえます。もっとも，その判断にあたっては，取締役の判断の①決定過程及び②決定内容に著しく不合理な点があったか否かという観点で審査されます。
　定立した任務に違反しているじゃないか，という形式的な任務違反だけではなく，「著しい」任務違反が必要なのです。
　ここで，必死にあてはめをしなければならないのです。司法試験の問題では結果として任務懈怠を肯定することが多いので，漫然と事実を拾って当然任務懈怠がある，とする答案が多いように思います。しかし，「著しい」任務違反があるというためには，本来相当ひどい判断であったと言えなければならないはずです。ですから，普通の取締役だったらこういう判断をするはずだ，しかし本問の役員はそれとは全く違う判断をしている，ということや，社運を決するような重大な取引なのにわずかな調査しか行わずリスク評価が不十分であった，というように厳しい評価が出来て初めて任務懈怠を認定できるのです。
　なんとなくこの取締役は間抜けだなぁ程度の評価では足りません。もっとこんな判断・行動はありえないといった態度で事実に対する評価を行ってください。ここに差がつくポイントがあると思います。

ウ　もう1歩先へ

　経営判断原則のあてはめについて，もう少し考えてみましょう。再び最判平22.7.15（百選50事件）に登場してもらい，今度はそのあてはめの部分について見てみましょう。

> ■最判平22.7.15（百選50事件）
> 【判旨】
> 　ZがAの株式を任意の合意に基づいて買い取ることは，円滑に株式取得を進める方法として合理性があるというべきであるし，その買取価格についても，Aの設立から5年が経過しているにすぎないことからすれば，払込金額である5万円を基準とすることには，一般的にみて相応の合理性がないわけ

第2章　任務懈怠の問題への取り組み方

> ではなく，Z以外のAの株主にはZが事業の遂行上重要であると考えていた加盟店等が含まれており，買取りを円滑に進めてそれらの加盟店等との友好関係を維持することが今後におけるZ及びその傘下のグループ企業各社の事業遂行のために有益であったことや，非上場株式であるAの株式の評価額には相当の幅があり，事業再編の効果によるAの企業価値の増加も期待できたことからすれば，株式交換に備えて算定されたAの株式の評価額や実際の交換比率が前記のようなものであったとしても，**買取価格を1株当たり5万円と決定したことが著しく不合理であるとはいい難い**。そして，本件決定に至る過程においては，Z及びその傘下のグループ企業各社の全般的な経営方針等を協議する機関である経営会議において検討され，**弁護士の意見も聴取される**などの手続が履践されているのであって，その決定過程にも，何ら不合理な点は見当たらない。

　本件では，高くても19090円に過ぎないA社の株式を5万円もの価格で購入しています。ここだけ見ると，Z社の役員は何をやっているんだ！ということにもなりそうですよね。事実，原審ではこの点を重視してZ社役員らの任務懈怠が肯定されていたのです。

　しかし，最高裁では，**取締役の経営判断を広く尊重するという立場**から，買取りを円滑に進めてA社の株主である重要な加盟店等との友好関係を維持することが，今後におけるZ及びその傘下のグループ企業各社の事業遂行のために有益であったことなどにかんがみ，取締役の行為・判断に著しく不合理な点はないとして，原審とは逆の判断をしました。

　受験生は任務懈怠を容易に肯定する傾向がありますが，本来任務懈怠は容易に認定できるものではありません。アメリカにおけるbusiness judgment ruleは，そもそも裁判所は原則として経営者の判断に介入しないとの法理です。日本では一切判断しないとの立場は採っていないものの，最高裁は取締役の判断を広く尊重する傾向にあります。

　下級審における判断では取締役の責任を認めるものも少なくありませんが，**広く任務懈怠を認めると役員に結果責任を負わせることになりかねず，取締役の判断が萎縮しないようにして会社の発展を妨げないようにするという経営判断原則の趣旨に反してしまいます**。

　ですから，上述したように安易に任務懈怠を肯定することは慎み，必死にあてはめを行ったうえで任務懈怠を肯定するようにしてください。

> **≡ まとめ**
> ・任務懈怠の問題に取り組むにあたっては，(1)役員が具体的な法令違反行為を行っている場合と，(2)具体的な法令違反行為は行っていないが，役員の判断が不合理な場合（355条，330条・民法644条違反）とを区別して考える。
> ・(1)タイプについては，具体的な法令違反行為を条文に沿って指摘することで，任務懈怠を認定できる。
> ・(2)タイプについては経営判断原則を使えるが，その際任務の内容とその懈怠とを分けて考える。また，安易に任務懈怠を認定しないよう気をつける。

4　任務懈怠（(2)タイプ）に関する問題の論述

　前述した通り，任務懈怠に関する問題には様々なものがあります。もっともほとんどの場合，任務懈怠の有無が中心論点であり，あとは他の要件につき端的に認定すれば足ります。
　そこで，平成21年の新司法試験の問題（一部抜粋）を例に，書き方を確認しましょう。

◆平成21年　新司法試験　問題（一部抜粋）

　X社は，監査役会設置会社であり，発行済株式総数（普通株式のみ）10万株，株主数5000人の上場企業である（単元株制度は採用していない。）。X社は，財務状況が悪化したため，同じ機械メーカーであり，X社の発行済株式の5％を長年保有して友好関係にあるZ株式会社（以下「Z社」という。）に対し，事業の柱の一つである精密機械製造事業を譲渡するとともに，同社との間に研究，開発，販売等の面における協同関係を築くことにより，この苦境を乗り切ろうと考えた。そして，X社は，平成20年6月2日，Z社との間で，事業の譲渡及び協同関係の構築に向けた交渉を始めるための基本合意を締結した（以下この合意を「本件基本合意」という。）。
　ところが，本件基本合意の締結後，X社は，財務状況の悪化が急速に進み，キャッシュフローの確保も難しくなったため，本件基本合意に基づくZ社への事業の譲渡によって得ることができる対価による収入や，同社との協同関係の

構築だけでは，企業としての存続が危うくなってきた。

　そのような折，Z社のライバル企業である機械メーカーのD株式会社（以下「D社」という。）がX社に対して合併を申し入れてきた。合併の条件は，X社の普通株式4株にD社の普通株式1株を交付するという合併比率によって，D社を吸収合併存続株式会社とし，X社を吸収合併消滅株式会社とする吸収合併を行うというものであり，D社は，X社の精密機械製造事業に魅力を感じ，同事業を含めてX社の事業全部を吸収合併により取得することを申し入れてきたものであった。

　X社の取締役会は，Z社よりも企業体力に優るD社に吸収合併されれば，X社は独立した企業ではなくなるものの，同社の財務状況の悪化やキャッシュフロー不足の問題が解決され，事業全体の存続や従業員の雇用の確保につながると考え，平成20年10月8日，Z社との本件基本合意を白紙撤回した上，D社から申入れのあったとおりの合併条件により，X社がD社に吸収合併されることを受け入れることを決めた。

　これに対し，Z社は，X社の精密機械製造事業を何としても手に入れたいと考え，X社に対し，本件基本合意に基づく事業の譲渡及び協同関係の構築の実現を迫り，D社との合併に反対した。Z社は，本件基本合意に基づき，X社を債務者として，D社との合併の交渉の差止めの仮処分命令の申立てを行ったが，当該申立てが却下されたため，X社に対する本件基本合意違反を理由とする損害賠償請求の訴えの提起を準備している。また，Z社は，X社とD社の合併は，両社の企業規模や1株当たり純資産の比較，X社の培ってきた取引関係や評判等からすれば，その合併比率がX社の株主にとって不当に不利益なものとなっており，また，私的独占の禁止及び公正取引の確保に関する法律（以下「独禁法」という。）第15条第1項第1号に規定する「当該合併によって一定の取引分野における競争を実質的に制限することとなる場合」に当たり，同法に違反するものであると主張し（独禁法違反の点は，実際に認定され得るものであった。），合併に反対している。

〔設問〕　Z社は，X社の株主としての権利を行使し，合併契約の締結や当該合併契約の承認を目的とする株主総会の招集を阻止したいと考えている。Z社は，X社の株主として，どのような会社法上の手段を採ることができるか。理由を付して説明しなさい。

(1) Z社の採り得る手段

まずZ社が採り得る手段は、取締役の行為の差止請求（360条1項）ですね。ここで任務懈怠の話に飛びついてはいけません。同項の要件は、①「6箇月……前から引き続き株式を有する株主」であること、②「取締役が……法令……に違反する行為を……するおそれがある」こと、③「当該行為によって当該株式会社に回復することができない損害が生ずるおそれがある」こと（360条3項）、です。各要件を充足していることを確認しましょう。

(2) 任務懈怠を除く要件の検討

まず、Z社は「X社の発行済株式の5％を長年保有して友好関係にある」ので①は充足しそうです。

②が任務懈怠の話ですね。後で検討しましょう。

③については、②を満たさないのであれば検討する必要は必ずしもありませんが、念のため見ておきましょう。合併差止めが認められれば、合併のための契約費用が無駄になったり、信用が毀損されたりすることによる損害などが「回復することができない損害」にあたると評価できるかによって結論が変わりうるでしょう。

(3) 任務懈怠に関する検討

それでは、②について検討してみましょう。

ア　前提の確認

まず、任務懈怠、すなわち善管注意義務違反（330条・民法644条）が360条1項の「法令」違反にあたるという前提を確認しておきましょう。

イ　本論

ここでやっと任務懈怠の有無の検討に入ります。本問で問題になっているのは、X社とD社との合併において、X社の普通株式4株にD社の普通株式1株を交付するという合併比率がX社の株主にとって不当に不利益なのではないか、ということです。本件では330条・民法644条を除く具体的な法令違反行為はありませんね。そうだとしても判断が不合理でないか、ということを論じましょう。

ウ　一般論と任務内容の画定

まず簡潔に経営判断原則の一般論を述べた上で、役員の任務内容を画定しまし

ょう。本件で問題となっているのは，合併比率が不当である結果，株主に不利益を与えないかということです。そして取締役としては，会社ひいては株主の利益の保護を図るよう行動すべき義務を負っています。そこで，X社の取締役としては「X社の株主の利益を保護する任務」を負っていると考えれば良いでしょう。

エ 任務違反の有無

では，Z社の取締役の判断の①決定過程及び②決定内容に著しく不合理な点があったか否か，を検討しましょう。

まず，決定過程の不合理性を推認させるような事情はありません。そのためこの点を見て任務懈怠があるということは出来ません（①）。

次に決定内容について見ると，確かにZの主張を前提にすると，X社とD社の企業規模や1株当たり純資産の比較，X社の培ってきた取引関係や評判などからすれば，X社の普通株式4株にD社の普通株式1株を交付するという合併比率は，X社の株主にとって不当に不利益と言えるかもしれません。しかし，Z社は財務状況が悪化しており，そのような状況下で「Z社よりも企業体力に優るD社に吸収合併されれば，X社は独立した企業ではなくなるものの，同社の財務状況の悪化やキャッシュフロー不足の問題が解決され，事業全体の存続や従業員の雇用の確保につながると考え」たことは著しく不合理とまでは言えないのでないでしょうか。苦しい経営状況の下，何とか会社を存続させようとする取締役の姿勢は評価できるものですし，破綻するより事業が存続する方が株主にとっては有利なはずです。Zとしては，自分がXを吸収した方が利益になると言いたいかもしれませんが，X社の取締役はそのような可能性も含めてD社と合併するという判断をしたはずですから，そのような経営判断は尊重されるべきでしょう。すなわち，決定内容に著しく不合理な点があったとは言えません（②）。

したがってX社の取締役に任務懈怠は認められず，②の要件を満たさないと言えるでしょう。

オ その他

なお，この問題ではさらに独禁法違反が②の要件を満たすのではないか，という論点もありますが，任務懈怠についての検討とは外れますので，割愛したいと思います。

【参考答案】

1　Z社はX社の「発行済株式の５％を長年保有」していたのであるから、Z社は「６箇月……前から引き続き株式を有する株主」（360条１項）にあたる。そこでZ社は360条１項に基づき、X社取締役による合併契約の締結や当該合併契約の承認を目的とする株主総会の招集の差止めを求めることが考えられる。

2　かかる請求が認められるためには、「取締役が……法令……に違反する行為を……するおそれがある」ことを主張することが必要である。そして会社の利益を害し得る以上、ここにいう「法令」には善管注意義務について定めた330条・民法644条も含まれると考える。

　本件ではX社の取締役が具体的な法令違反行為を行ったという事情はない。しかし、X社の普通株式４株にD社の普通株式１株を交付するという合併比率が合意されているところ、これはX社株主にとって著しく不利であり取締役の経営判断として不合理であるとして、善管注意義務（330条・民法644条）に違反すると言えないか。

(1)ア　経営判断は複雑多様な事情に基づく総合判断であり、会社が利益を追求するためには一定のリスクを伴うことは避けられない。それにもかかわらず広く事後的な責任追及をなし得るとすると、取締役の判断が萎縮し会社の発展が阻害される。そこで行為当時の事情を基礎として、同一業界における取締役の知見経験を基準に、当該取締役の判断がその過程・内容において著しく不合理である場合に限り、善管注意義務違反（330条・民法644条）があるとして任務懈怠が認められると考える。

イ　本問について見ると、まずX社の取締役としてはX社の株主の利益を保護する義務を負っているところ、取締役による決定過程に不合理性を推認させるような事情はない。

　確かに、X社とD社の企業規模や１株当たり純資産の比較、X社の培ってきた取引関係や評判等からすれば上記合併比率はX社株主にとって不利であり、決定内容が著しく不合理であるとも思える。しかし、Z社は財務状況が悪化しており、そのような状況下で「Z社よりも企業体力に優るD社に吸収合併されれば、X社は独立した企業ではなくなるものの、同社の財務状況の悪化やキャッシュフロー不足の問題が解決され、事業全体の存続や従業員の雇用の確保につながる」可能性がある。困難な経営状況の下、何とか会社を存続させようとするのは取締役として当然の行為であるし、株主に

とっても破綻するより事業が存続する方が有利なはずである。
したがって，このような事情を踏まえて上記合併比率によりD社との合併を推進するというX社の取締役の判断は，その内容において著しく不合理であるとはいえない。
(2) よってX社の取締役の行為は善管注意義務（330条・民法644条）に違反せず，「取締役が……法令……に違反する行為を……するおそれがある」とは言えない。
3 以上よりZ社による360条1項に基づく請求は認められない。

5 実践

最後に，1問司法試験の問題に挑戦してみましょう。ここまでのことが分かっていれば，難しいことはありません。平成19年の新司法試験の問題（一部改題）です。

◆**平成19年　新司法試験　問題（一部改題）**

甲株式会社（以下「甲会社」という。）は，自動車の電子部品を製造する会社である。
（中略）
甲会社は，平成7年4月に，多角化の一環として，ゲームソフト開発部門を創設した。その際，B1と親交があったCがゲームソフト開発部門の責任者に就任した。
（中略）
自動車部品の総合メーカーである乙株式会社（以下「乙会社」という。）から，甲会社に対し，自動車部品の製造におけるシナジー（相乗）効果を期待して，経営統合の話が持ち込まれた。A1は，自動車部品製造の業界における自力での生き残りは難しいと判断して，乙会社の提案に前向きの姿勢を見せた。これに対し，B1は，あくまで自主経営を目指すべきであるとして，B1を中心とする経営陣による甲会社株式に対する公開買付けの実施について外資系ファンドとの交渉を始めた。
（中略）
乙会社においても，……甲会社株式を引き受ける件について，取締役会で全員賛成の決議がされた。株式を引き受けるに当たり，乙会社では，○○法律事務所に依頼し，意見書を受領しているが，資料①は，この意見書の抜粋である。

また，乙会社は，甲会社の財務状況及び経営統合の効果についての調査を△△監査法人に依頼し，報告書を受領しているが，資料②は，この報告書の要旨である。乙会社がこの募集株式に対して払い込んだ金額（1株あたり300円）は，平成17年12月7日から平成18年6月6日までの6か月間の甲会社の株価の平均額に90パーセントを掛け合わせたものとして算定されている。
（中略）
　甲社から乙社に対して第三者割当てが実施されたが，甲会社の株価は600円台で推移した。その後，平成18年12月に，甲会社のゲームソフト開発部門の中心であったCがゲームソフト会社の大手である丙株式会社に好条件で引き抜かれ，そのニュースが業界誌に掲載されたことにより，甲会社の株価は急落した。乙会社は，平成18年度（平成18年4月1日から平成19年3月31日まで）の決算に当たり，甲会社の株価が140円と，取得価格の50パーセントを割り込んだことから，監査法人の意見に従い，保有する甲会社株式の評価額について1株当たり300円から140円にする減損処理を行った。
　Xは，平成17年9月1日に乙会社の株式を1単元購入し，以後これを継続して保有している株主である。Xは，平成19年5月に，乙会社に対し，甲会社から第三者割当てを受けた当時からの乙会社の代表取締役社長Y1及び担当取締役Y2は取締役としての善管注意義務に違反して甲会社の株式を引き受け，同株式の減損処理による損害を乙会社に与えたとして，Y1及びY2に対する損害賠償責任を追及する訴えを提起するように求めた。なお，Xは，損害賠償額として，甲会社1株当たり160円の減損処理額に乙会社の引き受けた株式数（550万株）を乗じた金額を主張している。

〔設問〕
　Y1及びY2の乙会社に対する責任について，あなたの意見を述べなさい。

資料①

○○法律事務所の意見書の抜粋

Ⅲ　ソフト開発部門関係
　1　調査結果
　　ⅰ　本件事業部門の概要について
　　　本件事業部門は，売上こそ対象会社の全売上額の20パーセントにすぎないが，経常利益の段階では，他の部門がいずれも赤字となっているこ

とから，全体の 100 パーセントを占めており，正に，対象会社の収益のかなめである。

本件事業部門の製品（以下「本件製品」という。）は，いわゆる「次世代ゲーム機用ゲームソフト」と呼ばれるものであるが，対象会社の本製品は，過去において業界で高い評価を得ている。

対象会社がこの事業を行うようになったのは，約11年前に，Cが，当時経営していたゲームソフト開発会社が経営難となった際に，大学時代の先輩である対象会社の現経営者の一員であるB1に援助を要請し，対象会社の支援によって，当該ゲームソフト会社の負債を整理し，対象会社に新設されたゲームソフト開発部門の責任者として入社したことからである。

その後，Cに対しては，何回もヘッドハンティングの誘いがあったが，Cは，このような経緯から，B1に対する恩義を感じて，これを断ってきたとのことである。

また，これらの具体的な開発作業を行っているのは，対象会社の従業員ではなく，下請契約を締結した個人のＳＥ（システムエンジニア）であるが，企業への帰属意識は低い。

ii 基本契約の締結状況と内容

開発の発注元との間では，必ず契約が締結してあり，その管理態勢についても何ら問題となるべきところはなかった。

また，ＳＥとの下請契約についても，全員との間で締結されており，その内容も含めて特に問題はないと考えられる。

iii 契約内容における特殊な条項について

Cは，ゲームソフト業界において，カリスマゲームクリエイターと呼ばれるほどの人気を誇っており，過去，数々のヒット商品を世に送り出している。

そのために，取引先とのソフト開発基本契約においては，Cの継続雇用が契約存続の条件となっているものが大半である。

2 結論

i 前記のような事情から考えて，今後，対象会社の経営陣が交代することとなった場合には，Cが独立し，又は競争会社へ転職する可能性が高い。なお，対象会社には，割増退職金を受領した者についての退職後1年間の競業禁止規定があるが，その受領は退職者の選択に任されており，Cがこれを受領する可能性は極めて低い。

なお，開発基本契約は，前述のように，Cの雇用継続を条件とするも

のが多いが，開発完了後については，この適用はなく，対象会社に対するプレミアムフィーの支払は，Ｃが退職したとしても，一定期間（２年が大半である）継続される。
ⅱ　さらに，下請のＳＥの大半は，Ｃのカリスマ性からこれを慕って集まっている者であり，Ｃの退職後も対象会社との下請契約を締結することは考えにくい。

以上のような事情を考慮すれば，対象会社において，第三者割当増資を行って，現経営陣，特にＢ１を更迭することとなれば，Ｃも退職するおそれが高く，その場合には，本件事業部門において，現状のような収益を今後も継続して上げていくことは非常に困難であると考えられる。

資料②

△△監査法人の報告書の要旨

経営統合に基づく経済的効果について

　貴社は，本件甲会社との経営統合の経済的効果として，約24億円の相乗効果があるとの判断に基づいて，事業計画を立てている。そこで，その妥当性について，以下検討する。

1　事業計画書の記載とその妥当性の検証

　(1)　研究開発費の低減

　　事業計画書には，貴社における研究開発費約200億円のうち，15パーセントを占める電子部品関連について，これを半減し，約15億円減額することができるとの記載がある。

　　貴社は，最終商品に関する機密保持の問題もあり，電子部品について独自に研究開発をしている。しかし，そのうち多数のものについては，単価や性能の問題から，現在，甲会社製品の供給を受けている。そこで，貴社がその製造する商品に合わせた基本性能を示して，電子部品を甲会社に開発させ，あるいは，甲会社と共同して開発を行うことにより，研究開発費の大幅な低減が可能である。そこで，前記事業計画書記載の研究開発費の低減は，その実現性について不合理なものとは考えられない。

　(2)　開発期間の短縮

　　事業計画書には，(1)記載のような研究開発部門の統合により，新製品に

使用する電子部品の開発期間がおおむね半分の9か月ほどに短縮することができ，これによって，部品調達コストを2パーセント低減することができるとの記載がある。

技術コンサルタントの試算によれば，開発期間が，平均でも現状の半分程度に短縮可能とされている。また，今後，甲会社との共同開発が可能な部品の調達額を前提とした場合には，この開発期間短縮による効果は，人件費などを含めて総合すれば，約6億円と試算されている。これらは，高度な専門分野の問題であるが，その判断過程などにおいて，合理性を欠くと考えられる部分はなく，この判断を前提とした事業計画の内容については不合理なものとはいえない。

(3) 製造計画に応じた調達と流通コストの低減

事業計画書には，貴社グループ工場の一角に甲会社工場を移転することにより，貴社の生産計画に応じて，電子部品の供給を受けることが可能となり，かつ，これによって流通コストを低減することができるとの記載がある。その前提とされた技術コンサルタントの試算による，ⅰ）貴社の主力工場に隣接する現在利用されていない貴社第21工場を甲の工場として利用した場合の移転費用の算出，並びに，ⅱ）これによる流通コスト削減に関する考え方に不合理なところは見当たらず，これを前提とした削減効果についても不合理なものとはいえない。

したがって，これらの効果を約3億円としている事業計画書の記載には，不合理な部分は見当たらない。

(4) 人材交流の実施

事業計画書には，研究者の人材交流を通じて，貴社新製品の開発について，部品開発も含めた一貫した発想が生まれる可能性があるとの記載がある。

確かに，人材交流の実施による効果に関する前記事業計画書の記載に不合理な点は認められないが，具体的な効果の算定は不可能である。

2 結論

以上の検討により，本件甲会社との経営統合に基づく貴社における経済的な相乗効果を約24億円と考えることは，不合理であるとはいえない。

(1) 問題に取り組むにあたって

資料がたくさんついています。これらは任務懈怠を判断するうえであてはめの要素として使用出来る事実ですので，しっかりと読みましょう。事実を使えば使うほど高得点になります。

(2) 要件の概観

本問で問われているのは，Y１及びY２（以下「Yら」とする）の乙社に対する責任の有無です。423条１項の要件を充足しているか検討しましょう。

同項の要件は，①「役員等」にあたる，②「任務を怠った」こと，③任務懈怠につき帰責性があること（428条１項参照），④損害の発生，⑤任務懈怠と損害との間の因果関係，です。

Yらは乙社の取締役ですから「役員等」にあたります（①）。

(3) 任務懈怠の有無の検討

では，②について検討してみましょう。

まず確認するのは，355条，330条・民法644条を除く法令違反行為がないことです。そのうえでYらの判断に不合理な点があったか，つまり任務懈怠があったかの判断に入ります。

Yらの任務は乙社の利益ひいては乙社の株主の利益を保護することにあります（任務内容の画定）。

次に，Yらは○○法律事務所や△△監査法人といった第三者機関から意見書，報告書を取得し，その内容を踏まえたうえで甲社の株式を取得するという経営判断を行っているため，判断過程に不合理な点はありません（判断過程の合理性）。

最後に判断内容の合理性について検討します。

○○法律事務所の意見書によれば，甲社の収益のかなめであるソフト開発部門においてCは極めて重要な役割を果たしており，Cがいなければ同部門は成り立たないと言えそうです。そのCはB１に恩義を感じて甲社に所属しているところ，乙社が甲社株式を取得し経営権を握った後B１が更迭されれば，Cは甲社を辞める可能性が高そうです。その結果，甲社では今後もこれまでのような収益をあげることは出来なくなる可能性が高いとされています。そうだとすれば，このような可能性を認識しつつ，Yらが甲社株式を取得したという判断は不合理であったとも思えます。

しかし，Yらが甲社株式を取得して同社の経営権を把握しようとしたのは，自動車部門の製造におけるシナジー効果を期待したためです。△△監査法人の

報告書によれば，そのシナジー効果を24億円と見積もることは不合理ではないとされています。一方，甲社株式の下落により乙社が被る損害は160円×550万株＝8億8000万円にとどまるため，こうした損害を踏まえてもなお，経営統合による利益があると言えそうです。さらに，乙社との統合後は自動車部門で利益を上げられると考えられ，ソフト開発部門に関してはCの退職後も開発が完了した契約の大半は2年間プレミアムフィーが支払われ続けるので，甲社に対する打撃が致命的とはいえないでしょう。

　これらの事情を総合すると，**Yらの判断にも首肯しうる面があり，経営判断の一環として尊重されるべきと考えても良いでしょう**。逆の判断をすることも可能ですが，その場合にはYらの判断が著しく不合理であるということを説得力を持って論述する必要があります。

　Yらの判断が経営判断として尊重されるべきと考えるなら，Yらに任務懈怠はなく，**②の要件を充足しないためYらに損害賠償責任は認められないという結論**になるでしょう。③④⑤の要件については検討不要です。

【参考答案】

1　本件でY1及びY2（以下「Yら」とする）は，甲社株式を1株当たり300円で取得する旨の取締役会決議を行っている。しかしその後，その価格が下落し乙社は損害を被っている。そこで，Yらは423条1項に基づき，乙社に対する責任を負わないか。

(1)　まず，Yらは乙社の取締役として「役員等」（同項）にあたる。

(2)　では，Yらは「任務を怠った」（同項）と言えるか。Yらは具体的な法令違反行為を行っていないことから，Yらの判断が経営判断として許容されるか問題となる。

　ア　経営判断は複雑多様な事情に基づく総合判断であり，会社の利益を追求するためには一定のリスクを伴う判断を行うことも必要である。それにもかかわらず常に事後的に責任を追及しうるとすると，取締役の判断が萎縮し会社の発展が阻害される。そこで，当該取締役の判断が，同一業界における取締役の知見・経験に照らして，その過程・内容において不合理であると認められる場合に限り，善管注意義務違反（330条・民法644条）があるとして「任務を怠った」と言えると考える。

　イ　Yらは乙社及びその株主の利益を保護する義務を負っている。そ

してYらは○○法律事務所や△△監査法人といった第三者機関から意見書，報告書を取得し，その内容を踏まえたうえで甲社の株式を取得するという判断を行っているため，その判断過程に不合理な点はない。

確かに，以下のようにYらの判断には不合理な点があるとも思える。すなわち，○○法律事務所の意見書によれば，甲社の収益の中心であるソフト開発部門においてはCが極めて重要な役割を果たしており，Cがいなければ同部門は存立が難しい。そのCはB1に恩義を感じて甲社に所属しているところ，乙社が甲社株式を取得し経営権を握った後B1が更迭されれば，Cは甲社を辞める可能性が高く，その結果，甲社では今後もこれまでのような収益をあげることは出来なくなる可能性が高い。そうだとすれば，甲社の利益が減少し，株価が下落する可能性を認識しつつ，Yらが甲社株式を取得したという判断は不合理であったとも思える。

しかし，Yらが甲社株式を取得して同社の経営権を把握しようとしたのは，自動車部品の製造における24億円ものシナジー効果を期待したためである。△△監査法人の報告書によれば，そのシナジー効果を24億円と見積もることは不合理ではない。また甲社株式の下落により乙社が被る損害は160円×550万株＝8億8000万円にとどまるため，こうした損害を踏まえてもなお，経営統合による利益があると言える。さらに，乙社との統合後は自動車部品製造部門で利益を上げられると考えられ，ソフト開発部門に関してはCの退職後も開発が完了した契約の大半は2年間プレミアムフィーが支払われ続けるので，甲社に対する打撃が，シナジー効果を上回るほどの株価暴落をもたらすほど致命的となる可能性が高かったとまではいえない。

これらの事情にかんがみると，Yらによる甲社と乙社の経営統合のために甲社株式を購入するという判断が，その内容において著しく不合理であったとまでは言えない。

ウ　よってYらの経営判断は尊重されるべきであり，Yらが「任務を怠った」とまではいえない。

2　以上より，Yらは乙社に対する423条1項に基づく責任を負わない。

6　最後に

　最初にも述べたとおり，任務懈怠に関する問題はほぼ毎年出題されています。これは多くの受験生が分かっていることであり，そのため全受験生がそれなりの答案を書ける分野でもあります。
　ですから，ポイントを抑えた論述，あてはめをすることが合格への近道です。時間切れには気をつけてください。**必ず十分なあてはめが出来る時間を残さなければいけません。**
　逆にここであてはめが弱くなったり，時間不足で書ききれなかったりすると，他の受験生に大きく差をつけられ合格が遠のきます。
　任務懈怠の問題は簡単だ！と高をくくっていると，足元をすくわれます。簡単な問題だからこそ，他の受験生に書き負けてはいけません。そのためには，次章で述べるような意識を持って差をつけることが必要です。

第3章　あてはめのコツ

1　はじめに

「最近の司法試験ではあてはめが重要だ！」このようなことを聞いたことはありませんか。

しかし，あてはめは事実を拾えばそれで終わりではありません。それでは単なる書き写しになってしまいます。それだけで高得点になるほど司法試験は甘くありません。

では，高得点を狙える「あてはめ」とは，どのように行えば良いのでしょうか。ここでは，この点について私が思うところを紹介します。

2　あてはめと書き写しの違い

論点を見つけ規範を立てたら，あてはめが始まります。司法試験では多くの事実が記載されているため，これを答案に記載しますよね。

しかし，「あてはめ」と書き写しは似て非なるものです。何が違うのでしょうか。

たとえば以下のような2通りの記述について，どのような感想を持たれるでしょうか。

> 例）「重要な財産」（362条4項1号）該当性
>
> ①本件株式の帳簿価格はX社の総資産の価格の約1.6%に相当する。
>
> ②本件株式の帳簿価格はX社の総資産の価格の約1.6%もの割合に相当し，その処分はX社に重大な影響を与え得る。

①と②で大きく印象が変わりませんか。単に1.6%と言われると微々たるもので「重要な財産」にあたらないと言えそうです。しかし，最判平6.1.20（百選63事件）は会社の総資産の1.6%の割合を占める株式を，様々な事情を摘示しつつ「重要な財産」であると述べています。

■最判平 6.1.20（百選 63 事件）
【判旨】
　本件株式の帳簿価額は 7800 万円で，これは上告人の前記総資産 47 億 8640 万円余の約 1.6 パーセントに相当し，本件株式はその適正時価が把握し難くその代価いかんによっては上告人の資産及び損益に著しい影響を与え得るものであり，しかも，本件株式の譲渡は上告人の営業のため通常行われる取引に属さないのであるから，これらの事情からすると，原判決の挙示する理由をもって，本件株式の譲渡は同号にいう重要な財産の処分に当たらないとすることはできない。

　このように事実は単に書き写せば良いというわけではなく，それに評価を付すことで「あてはめ」になるのです。
　ですから，あてはめを行う際には事実を書き写すのみではなく，数字や行為などに対して一言評価を付すことを必ず行ってください。これこそが高得点のポイントです。
　私の経験から言うと，これは想像以上に点数が伸びる工夫です。論点や規範を覚えることも重要ですが，事実に一言評価を付すという工夫をするだけで大きく点数が伸びるということは意識すべきでしょう。

> **まとめ**
> ・あてはめは単なる事実の書き写しではなく，数字や行為などに対して一言評価を付すべきである。

3 実践

これを踏まえて1問見てみましょう。平成26年予備試験商法の問題（一部省略）です。

◆**平成26年　予備試験　問題（一部省略）**

　X株式会社（以下「X社」という。）は，携帯電話機の製造及び販売を行う取締役会設置会社であり，普通株式のみを発行している。X社の発行可能株式総数は100万株であり，発行済株式の総数は30万株である。また，X社は，会社法上の公開会社であるが，金融商品取引所にその発行する株式を上場していない。X社の取締役は，A，B，Cほか2名の計5名であり，その代表取締役は，Aのみである。

　Y株式会社（以下「Y社」という。）は，携帯電話機用のバッテリーの製造及び販売を行う取締役会設置会社であり，その製造するバッテリーをX社に納入している。Y社は，古くからX社と取引関係があり，また，X社株式5万1千株（発行済株式の総数の17％）を有している。

　Bは，Y社の創業者で，その発行済株式の総数の90％を有しているが，平成20年以降，代表権のない取締役となっている。また，Bは，X社株式5万1千株（発行済株式の総数の17％）を有している。

（中略）

　X社は，平成25年末頃から，経営状態が悪化し，急きょ10億円の資金が必要となった。そこで，Aは，その資金を調達する方法についてBに相談した。Bは，市場実勢よりもやや高い金利によることとなるが，5億円であればY社がX社に貸し付けることができると述べた。

　そこで，平成26年1月下旬，X社の取締役会が開催され，取締役5名が出席した。Y社からの借入れの決定については，X社とY社との関係が強化されることを警戒して，Cのみが反対したが，他の4名の取締役の賛成により決議が成立した。この取締役会の決定に基づき，X社は，Y社から5億円を借り入れた。

　Y社のX社に対する貸付金の原資は，Bが自己の資産を担保に金融機関から借り入れた5億円であり，Bは，この5億円をそのままY社に貸し付けていた。Y社がX社に貸し付ける際の金利は，Bが金融機関から借り入れた際の金利に若干の上乗せがされたものであった。なお，Bは，これらの事情をAに伝えたことはなく，X社の取締役会においても説明していなかった。

（中略）

第3章 あてはめのコツ

〔設問〕
　Cは，平成26年3月に開催されたX社の取締役会において，X社のY社からの借入れが無効であると主張している。この主張の当否について論じなさい。

問題文の状況を要点に絞って図示すると以下のようになります。

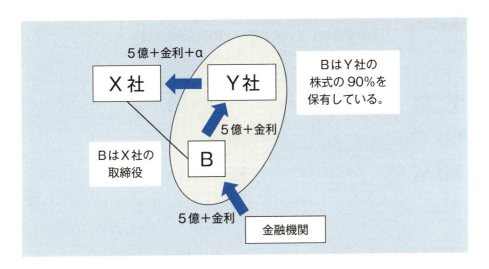

まず問題の「前捌き」をしておきましょう。図示すると以下のようになります。[12][13][14][15]

---

[12] 論点①につき，詳しくはリークエ220頁，田中240頁。
[13] 論点②につき，詳しくはリークエ183頁，田中223頁。
[14] 論点③につき，詳しくはリークエ185頁，田中225頁。
[15] 論点④につき，詳しくはリークエ222頁，田中244頁。

第1部　基礎確認編

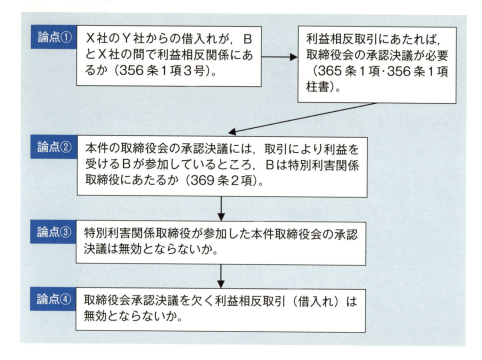

参考答案は以下のようになります。青色をつけたところが評価の部分です。

【参考答案】
1　Cは，X社のY社からの借入れ（以下「本件借入れ」という。）は，取締役会の承認を欠いた利益相反取引にあたるため，無効であると主張することが考えられる。
2　X社のY社からの借入れが利益相反取引（356条1項3号）にあたるならば，X社において事前に取締役会の承認を要するため（365条1項・356条1項柱書），本件借入れが，利益相反取引にあたるか問題となる。
　(1)　356条1項3号の趣旨は，取締役が会社利益の犠牲の下，自己又は第三者の利益を図ることを防止する点にある。そこで，会社と第三者との間の取引であっても，外形的・客観的に会社の犠牲において取締役に利益が生ずる形の行為については，間接取引（356条1項3号）に該当すると考える。
　(2)　本件では，BはY社株式の大部分である90％を保有する大株主で

あるから、Y社がX社との取引により得た利益はBの利益に直結すると言える。よって、Y社の利益はB個人の利益と同視しうる。そうすると、金利を上乗せされた取引によって、外形的・客観的にX社の犠牲においてBに利益が生ずるものと言えるから、本件借入れは、同号にいう利益相反取引にあたる。
3　では、本件借入れにつき、取締役会の承認決議がなされていると言えるか。
(1)　本件では取締役会決議にBが参加しているところ、Bは「特別の利害関係を有する取締役」(369条2項)にあたらないか。
　ア　同条項の趣旨は、忠実義務違反をもたらすおそれのある個人的利害関係を有する取締役を決議から排斥し、取締役会決議の公正を図る点にある。そこで「特別の利害関係を有する取締役」とは、会社の利益と衝突する個人的利害関係を有する取締役をいうと解する。
　イ　本件決議の内容は、Bが借り入れてY社に貸し付けた金員を原資として、上乗せされた金利にて、X社がY社から5億円の借入れを行うというものである。そして、Y社の利益はB個人の利益と同視できるのだから、本件貸付はX社の犠牲のもとBの利益となるものである。そうすると、Bは会社の利益と衝突する個人的利害関係を有する取締役と言えるから、Bは「特別の利害関係を有する取締役」にあたる。
　ウ　したがって、本問の承認決議には、特別利害関係人たるBが参加している点で369条2項に反する瑕疵がある。
(2)　そして瑕疵ある取締役会決議の効力が問題となるが、明文がないことから、一般原則に従い、この決議は無効となる。
4　以上より、本件借入れに際してはX社取締役会の承認決議がなされていないことになるが、これにより、X社のY社からの借入れが無効となるか。取締役会の承認を得ずになされた利益相反取引の効力が問題となる。
(1)　会社の利益と取引の安全の調和の見地から、①当該取引が利益相反取引に該当すること、及び②取締役会の承認を受けていないことを相手方が知っていたことを会社が主張立証して初めて、会社は相手方に対して取引の無効を主張できると解すべきである。
(2)　Y社が上記の①②を知っていたか否かは、Y社の大株主兼取締役としてY社と同視しうるBを基準に判断するべきである。そして本件借入れは、原資の調達やX社への貸付けをすべてBが主導して行ってい

> る。そうすると，Bは自らが主導した取引について①と②にあたる事実について知らないはずはないから，X社はY社からの借入れの無効を主張できる。
> 5　よってX社のY社からの借入れが無効であるとのCの主張は認められる。

　評価を付しやすいのは，**事実や数字の前に意味づけをしたり，事実を分かりやすく言いかえたりする**場面です。前者の例は「Y社株式の大部分である90％」や「Y社の大株主兼取締役としてY社と同視しうるB」，後者の例は「Y社の利益はB個人の利益と同視しうる」，「X社の犠牲のもとBの利益となる」といった部分です。評価を付すときに良く使う文言はありますが，決まった文言はないので，**自分の言葉で簡潔に述べる**という意識を持ちましょう。

4　おわりに

　一言評価を付すという工夫は，勉強が進んでいるか否かにかかわらず，意識をするだけで出来るようになるものです。そしてその効果は想像以上に絶大なものです。
　あてはめが重要だということを認識しているならば，ぜひ自分の言葉で一言評価を付すということを忘れないでください。

第4章　現場思考問題との戦い方

1　はじめに

　「試験本番で見たこともない問題が出た。もうダメだ。」と頭の中が真っ白になった経験はありますか。学校の期末試験も含めて1度でも法律科目を受けたことのある方なら，誰しも直面したことがあると思います。

　まず言っておかなければならないことは，「司法試験においては必ず未知の問題が出る」ということです。ですから見たことがない問題が出たときであっても決して諦めてはいけません。試験委員もあえて未知の問題を出すことで，受験生の現場思考能力を見たいと思ってそのような問題を出しているのです。

　ここでは，そのような問題に出会ってしまったときにどうするか，ということについて紹介したいと思います。

2　知らない問題と出会ったときの心構え

　未知の問題に出会ってしまったとき，多くの受験生は何を書いて良いか分からず焦ってしまいます。ですから，まず落ち着きましょう。あなたが知らない問題は他の受験生もほとんどがそう感じているはずです。司法試験や予備試験の論文式試験を受けている受験生であれば，それほど知識量に差はありません。合格と不合格を分けるのは，知識量ではなく法的思考を示せているか否かです。

　多くの受験生が知らないはずだ，と落ち着いたら，「条文と趣旨」という言葉を思い出してください。現場思考問題はこれで合格答案にたどり着けます。

　まず関係しそうな条文を探しましょう。法律の最初についている目次を使うと，早く見つけられるかもしれません。そしてその条文の趣旨をその場で考え，規範を自分の言葉で定立します。このとき問題文中の事実を意識して，そこから逆算した規範を定立できると良いでしょう。最後にあてはめを行い結論を導けば，十分な合格答案となるでしょう。このとき気をつけていただきたいのは，決して正解はただ一つで，その通りに書かなければいけないわけではないことです。法的思考能力を示せていれば，それが異なる結論を導いていても十分高い評価が与えられると思われます。

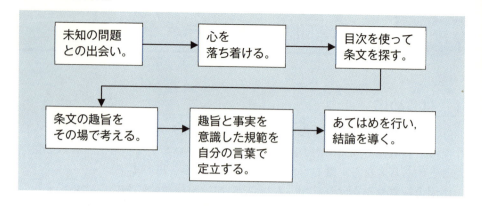

> **まとめ**
>
> ・未知の問題に出会っても，諦めず，条文⇒趣旨⇒規範定立⇒あてはめという思考方法で食らいつく。

3　実践

　ものは試しでやってみましょう。平成25年予備試験商法の問題（一部省略）です。

◆**平成25年　予備試験　問題（一部省略）**

　X株式会社（以下「X社」という。）は，日本国内において不動産の開発及び販売等を行う監査役会設置会社であり，金融商品取引所にその発行する株式を上場している。
　Y株式会社（以下「Y社」という。）は，日本国内において新築マンションの企画及び販売等を行う取締役会設置会社であり，監査役を置いている。Y社が発行する株式は普通株式のみであり，その譲渡による取得にはY社の承認を要するものとされている。
　Y社の発行済株式のうち，75％はX社及びその子会社（以下，X社を含め「Xグループ」という。）が，15％はY社の取締役であるAが，10％は関東地方を中心に住居用の中古不動産の販売等を行うZ株式会社（以下「Z社」という。）がそれぞれ保有している。なお，Z社の発行済株式の67％はAが保有し，同社の

取締役はA及びAの親族のみである。

　X社は，平成23年9月，Y社の行う事業をXグループ内の他社に統合する方向で検討を始め，その後，Aに対し，A及びZ社が保有するY社株式をX社に売却するよう求めた。しかし，Aは，Y社との資本関係が失われることによって生じ得るZ社の事業展開への不安を訴えて回答を留保し，その後のX社による説得にも応じなかった。

　X社は，平成24年6月1日，取締役会を開催し，同年9月1日をもってY社をX社の完全子会社とする旨の株式交換契約（以下「本件株式交換契約」という。）を締結することを適法に決定した。また，Y社でも，同年6月1日，取締役会を開催し，本件株式交換契約を締結することを適法に決定した。

　これらの決定を受けて，X社とY社との間で本件株式交換契約が正式に締結された。本件株式交換契約においては，Y社株主に対しY社株式10株につきX社株式1株を交付する，すなわち，X社とY社との間の株式交換比率（以下「本件交換比率」という。）を1対0.1とする旨が定められた。

（中略）

　Aは，同年7月，本件交換比率の妥当性について独自に検討し，算定を行うこととした。その結果，同年8月，Aとしては，Y社株主に対しY社株式10株につきX社株式3株を交付するのが妥当であるとの結論に至った。

〔設問〕
　Aは，Y社に対し，本件交換比率の妥当性を検討するためであることを明らかにして，本件交換比率をY社が算定するために使用したY社の一切の会計帳簿及びこれに関する資料の閲覧を請求した。Y社は，この請求を拒むことができるか。なお，Y社の会計帳簿及びこれに関する資料は書面をもって作成されているものとする。

(1) どうやって取り組むか

　おそらくこの年の受験生は相当焦ったはずです。なぜなら，株主による会計帳簿の閲覧請求について詳しく勉強している受験生はほとんどいなかったと思われるためです。

　実は百選掲載判例が素材にはなっているようなのですが，しっかりと目を通していた受験生はあまりいなかったでしょう。その意味でこの問題は現場思考問題に分類できるでしょう。

まず条文を見つけましょう。**会計帳簿閲覧請求**[16]**の条文**はどこにあるのでしょうか。目次を見てみましょう。

会計帳簿というとイメージしやすいのは貸借対照表などでしょうか。「計算」の章にありそうですね。目次を見ると431条以下にありそうです。そこですぐ隣に「会計帳簿」という文言があります。432から434条を見てみましょう。すると433条に「会計帳簿の閲覧等の請求」との記載があります。念のため432条と434条も見ておきますが、関係なさそうです。

さて**433条**を読んでみましょう。以下のように書いてあります。

1項柱書は、「……発行済株式……の100分の3……以上の数の株式を有する株主は、……いつでも、次に掲げる請求をすることができる。この場合においては、当該請求の理由を明らかにしてしなければならない。」と定めています。AはY社の発行済株式のうち、15%を保有していますし、設問中に「本件交換比率の妥当性を検討するためであることを明らかにして」と書いてありますから、1項の要件を満たしていそうです。よってAは、同項1号に該当するY社の会計帳簿の閲覧請求を出来そうです。

次に**2項**を見てみます。

柱書で「前項の請求があったときは、株式会社は、次のいずれかに該当すると認められる場合を除き、これを拒むことができない。」と定められており、1～5号で会社が請求を拒むことが出来る場合について列挙されています。

関係ありそうなのは**3号**です。「請求者が当該株式会社の業務と実質的に競争関係にある事業を営み、又はこれに従事するものであるとき。」とあります。

Y社とZ社は、新築と中古という違いがあるとはいえ、住居用不動産の販売等を行っており、AはZ社の大株主兼取締役です。そのためY社にとってAが「実質的に競争関係にある事業を営」む者にあたらないかが問題となるのです。

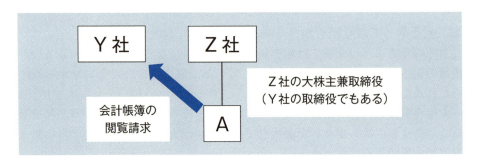

---

[16] 詳しくは、リークエ272頁、田中447頁。

第3章　あてはめのコツ

論点になりそうなところを見つけることが出来ました（実際はここまでが最も難しいのですが）。

では433条2項3号の趣旨はどのようなところにあるのでしょうか。

会社にとって会計帳簿はどのような役割を果たしているのでしょうか。会計帳簿は会社の利益や資産状況を示すためのものですから、そこには利益計算のために必要な商品の原価や販売費用などの記載があるはずです。会社にとって原価などの情報は企業秘密にあたる場合もあります。なぜなら、このような情報が知られると必然的に売値に対する費用などが明らかになってしまい、利益構造が暴露されてしまうからです。このような情報があれば、競合他者は、より安い価格で競合商品を販売することも可能になってしまいます。

その結果、競合他者が有利な条件で取引を行うことも可能になり、会計帳簿を公開した会社にとって不利益になってしまいます。

だからこそ433条2項3号は、「実質的に競争関係にある事業を営」む者による会計帳簿閲覧請求を拒むことができると定めているのです。

これをきわめて簡単に表現すると、「433条2項3号の趣旨は、会計帳簿に記載された情報が競争関係にある者に知られることを防ぎ、会社に不利益が生じることを防ぐ点にある」というふうになるでしょう。

そこで、「実質的に競争関係にある事業を営」む者にあたるか否かは、その者に会計帳簿に記載された情報を知られることで、会社に不利益が生じるか否かによって決すべきである、という規範を定立することが可能でしょう。

これを踏まえた参考答案は以下のようになります。

【参考答案】
1　本問において、Aは433条1項1号に基づいてY社の会計帳簿の閲覧請求をすることが考えられる。なぜなら、AはY社の発行済株式の15％を保有しており、「発行済株式……の100分の3……以上の数の株式を有する株主」（同項）にあたるうえ、本件交換比率の妥当性を検討するためであることを明らかにしており、「当該請求の理由を明らかにして」（同項）いるためである。
2　これに対して、Y社は、Aが、Y社と同じ住居用不動産の販売等を行っているZ社の大株主兼取締役であるから同条2項3号に該当し、かかる請求を拒絶できると主張する。
(1)　そこで、Aが同号の「実質的に競争関係にある事業を営」む者にあ

たるか問題となる。
　ア　同号の趣旨は，会計帳簿に記載された情報が競争関係にある者に知られることを防ぎ，会社に不利益が生じることを防ぐ点にある。そこで，「実質的に競争関係にある事業を営」む者にあたるか否かは，その者に会計帳簿に記載された情報を知られることで，会社に不利益が生じるか否かによって決すべきであると考える。
　イ　本問について見ると，Y社とZ社は，新築と中古という違いがあるとはいえ，住居用不動産の販売等を行っており競合関係にあると言える。そして，AはZ社の67%，すなわち3分の2超の株式を保有する大株主兼取締役であり，Z社の取締役はAとその親族のみである。そうだとすれば，実質的にAとZ社は同一であると言える。
　　その結果，AがY社の会計帳簿を閲覧し，その情報をZ社において自由に利用できることになれば，Z社はこれを用いてY社よりも有利な条件で事業を営むことが可能になる。すなわち，Aに会計帳簿に記載された情報を知られることでY社に不利益が生じることになると言える。
(2)　よってAは「実質的に競争関係にある事業を営」む者にあたり，Y社はAの上記請求を拒絶することができる。

(2) ベースとなった判例について

この問題の素材になったと思われる判例を見てみましょう。最判平21.1.15（百選78事件）です。

■最判平21.1.15（百選78事件）
【判旨】
　同号（旧商法293条の7第2号，現会社法433条2項3号）は，会社の会計帳簿等の閲覧謄写を請求する株主が当該会社と競業をなす者であるなどの客観的事実が認められれば，会社は当該株主の具体的な意図を問わず一律にその閲覧謄写請求を拒絶できるとすることにより，会社に損害が及ぶ抽象的な危険を未然に防止しようとする趣旨の規定と解される。
　したがって，会社の会計帳簿等の閲覧謄写請求をした株主につき同号に規定する拒絶事由があるというためには，当該株主が当該会社と競業をなす者であるなどの客観的事実が認められれば足り，当該株主に会計帳簿等の閲覧

> 謄写によって知り得る情報を自己の競業に利用するなどの主観的意図があることを要しないと解するのが相当であ」る。

　この判例では 433 条 2 項 3 号による請求拒絶が認められるか否かの判断にあたって，会社と請求者が客観的に競業関係にあれば足り，当該株主に会計帳簿等の閲覧謄写によって知り得る情報を自己の競業に利用するなどの主観的意図があることを要しない旨判示されています。

　出題者がこの判例通りに記述をすることを求めていたのかは定かではありませんが，少なくとも【参考答案】を含めた上記の記述が，この判例通りの記述であったとは言えません。

　もっとも本問を現場思考型の問題だと捉えるならば，上記のような記述ができれば十分であると考えられ，実際にこの年の A 答案の多くはこのような論述がなされていたようです。

4　おわりに

　あなたが見たことのない問題は多くの受験生にとっても未知の問題だと言えることが多いでしょう。ですから，現場思考問題は試験場でどれほど食らいついたかで得点が大きく変わります。条文を見つける，趣旨を考える，自分の言葉で規範を定立する，当てはめを行い結論を導く。心を落ち着けてこの操作を行いましょう。

第2部

実践編

第2部 実践編

序章　実践編の説明

　実践編では，私がどのように問題文を読み，どのようなことを考えながら問題に取り組んでいるのかを体感していただきたいと思います。
　具体的には以下のような順で問題に取り組んでいました。

> ① 試験開始と同時に，配点と設問の数，大まかな内容を見る。
> ② 問題文を読み始める。
> ③ 途中で設問があった場合，その設問の答案構成をする。
> ④ 再び問題文を読み，設問にぶつかる度にその答案構成をする。
> ⑤ 最後の設問の答案構成まで終わったら，もう１度全体を見通して，論理矛盾や見落としている事実がないか確認する。
> ⑥ 答案を書き始める。

　以上の作業を20〜30分程度で行い，残りの時間を，答案を書く時間として使っていました。
　これを踏まえて，実践編は以下の順で進んでいきます。

> Ⅰ　実際の問題文
> Ⅱ　配点と設問の確認
> Ⅲ　各設問ごとの検討・解説（１周目は現場で対応可能なものに限る）
> Ⅳ　参考答案（現実的な答案）
> 　（現場では，ここまでたどり着けば十分です。）
>
> Ⅴ　現場では対応が難しい問題について，２周目の検討・解説
> Ⅵ　参考答案（出題趣旨を踏まえつつ修正した答案）
> 　（修正した部分が青字になっています。）

　それでは，実際に直近３年分の過去問を見ていきましょう。

第1章 平成26年

〔第2問〕（配点：100〔設問1〕から〔設問3〕までの配点の割合は，3：4：3〕）
次の文章を読んで，後記の〔設問1〕から〔設問3〕までに答えなさい。

1．甲株式会社（以下「甲社」という。）は，食品の製造及び販売等を業とする取締役会設置会社である。平成26年4月の時点における甲社の登記事項証明書（履歴事項全部証明書）は，別紙のとおりである。
2．甲社の創業者であるAには，妻Bとの間に子Cがあり，Bの死亡後に再婚した妻Dとの間に子Eがある。甲社の株主構成としては，Aが300株，Cが50株，Dが100株，Eが50株をそれぞれ有していた。
　　甲社では，設立当初から，Aが代表取締役として対外的な事業活動を行い，CはAを手伝って事業活動に従事し，Dは資金管理・人事管理等を担当していた。
3．Eは，Cと性格が合わなかったため，甲社で就労することはなく，不動産の販売等を業とする乙株式会社（以下「乙社」という。）の取締役を務めていた。乙社の取締役は，Eのほか，Eの妻Fと乙社の創業者Gの合計3人であり，その代表取締役はGであった。
4．甲社は，平成21年6月，その店舗に隣接してFが所有する狭小な土地（以下「本件土地」という。）があったことから，これを駐車場の用地として取得することとし，Fとの間で，本件土地の売買契約を締結した。その際，売買代金は，本件土地に関する不動産鑑定士の鑑定評価に従い，250万円と定められた。
　　Fは，上記の売買代金を受領し，甲社に対し本件土地を引き渡したが，本件土地の所有権移転登記手続に必要な書類を交付せず，甲社も，Fに対してその所有権移転登記手続を督促しなかったため，本件土地の登記名義人は，Fのままであった。
5．甲社の売上げは順調に推移し，平成22年頃には，その年商は2億円程度に達した。これに対し，乙社は，不動産開発のための資金調達に苦労し，不動産販売等の事業展開が低迷した。
　　Eは，乙社の将来に不安を覚えて転身を考え，Dに相談したところ，Dは，Eに対し，甲社に入社した上でCと接触の少ない部門において勤務す

ることを勧めた。そこで，Eは，平成22年2月，乙社の取締役を辞任し，甲社の総務・企画部長として勤務を開始したが，間もなくして，新規出店の計画立案，店舗用地の調達，金融機関からの資金調達等につき経営手腕を発揮し，頭角を現した。

6．その後，Dは，自らの存命中にEの甲社における地位を強固にすることを望み，Aと相談の上で，平成24年5月20日，自らの取締役の任期が満了する機会に，その後任としてEを取締役の地位に就かせ，さらに，Aのほか，Eも代表取締役の地位に就かせることとした。

Aは，必要な書類を準備して甲社の役員の変更の登記を申請し，その旨の登記がされた。Aは，Eが甲社の代表取締役に就任することにつき，あらかじめCの了解を得る予定であったが，Cの反発を恐れ，Cに説明をすることができず，また，上記の登記がされた後も，Cに何らの説明をしなかった。A及びDは，当面，引き続きAが代表取締役として活動しつつ，Eに副社長という肩書で対外的に活動することを認めることとした。

7．Eは，将来のAの相続の在り方によっては，その保有株式数に照らして甲社における地位が安定的でないことを懸念していた。

そこで，Dは，平成24年6月，Eが甲社の支配株主となることを目的として，甲社が400株の募集株式を発行し，その全部をEに割り当てることを計画した。Eは，甲社株式の1株当たりの直近の純資産額が10万円である旨の専門家の鑑定評価があったことから，自ら所有する4000万円相当の賃貸用の建物を出資の目的とすることとした。この建物は，必要経費を控除しても，毎年100万円の収益が見込まれるものであった。

Dは，A，C及びEに対し，甲社の将来の運営について相談したい旨を伝え，これらの者が集まった席上で，EをAの後継者としたいこと，及び甲社が400株の募集株式を発行してその全部をEに割り当てたいことを説明し，賛同を求めた。Cは，この提案に反発して直ちに退席し，Aは，時期尚早であるとして態度を保留した。

しかし，Eは，上記の甲社の募集株式の発行（以下「本件株式発行」という。）につき，株主全員の賛成があった旨の株主総会議事録を作成し，甲社に対し上記の出資の履行をした。なお，出資の目的とされた建物に関しては，価額が相当であることについての弁護士の証明及び不動産鑑定士の鑑定評価を受けており，検査役の調査を経ていない。

Eは，必要な書類を準備して甲社の募集株式の発行による変更の登記を申請し，その旨の登記がされた。そして，Dは，A及びCに対し，本件株式発行の計画を断念したなどと，虚偽の事実を述べた。

8．その後，Ｆは，Ｅが甲社を代表して金融機関との折衝を行っていたことから，甲社から乙社に対する貸付けにより乙社の不動産開発計画を推進することを計画し，開発した不動産の分譲後に借入金を甲社に返済する旨を説明して，この計画をＥに提案した。Ｅが甲社の運転資金から貸付金を捻出することは難しい旨を述べると，Ｆは，知人のＨが甲社に資金を貸し付けた上で，甲社がその資金を乙社に貸し付けるという方法を提案した。

　Ｅは，平成24年12月，上記のＦの提案についてＤに相談したところ，Ｄは，「既に取締役を退任して資金管理をＥに委ねているので，自分が判断すべき事柄ではないが，甲社にはリスクがあるだけでメリットがないので，やめた方がよいのではないか。」と述べた。

　Ｅは，Ｄの助言に戸惑いつつも，Ｆの要請に抗し難く，その提案を受け入れることとし，独断で，甲社を代表して，Ｈから２億円を年10％の利息の約定で借り入れた（以下「本件借入れ」という。）。本件借入れに先立ち，Ｅは，Ｈに対し，甲社の店舗建設のための資金として必要である旨を説明したが，その説明が曖昧であったため，Ｈから，甲社の事業計画に関する資料等を交付するよう求められていた。もっとも，本件借入れは，Ｅがこれらの資料等を交付しないまま実行された。

　そして，Ｅは，平成25年１月，独断で，甲社を代表して，乙社に対し上記の２億円を年10％の利息の約定で貸し付けた（以下「本件貸付け」という。）。

9．Ｆは，平成26年３月に死亡し，その全財産をＥが相続した。これに伴い，本件土地につき，相続を原因とするＥへの所有権移転登記がされた。

10．Ａ及びＣは，平成26年４月，本件借入れ及び本件貸付けの事実を知り，その調査を進める中で，上記の一連の経緯が明らかになった。

　また，乙社は，不動産開発計画が行き詰まって財務状態が悪化し，その結果，甲社は，本件貸付けに係る金員の返済を受けられないことが確実になった。

〔設問１〕　平成26年４月の時点で，本件株式発行の効力を争うためにＣの立場において考えられる主張及びその主張の当否並びに本件株式発行に係る法律関係について，論じなさい。

〔設問２〕　本件借入れの効果が甲社に帰属するかどうかに関し，これを肯定するＨの立場とこれを否定する甲社の立場において考えられる主張及びその主張の当否について，論じなさい。

〔設問3〕　CがD及びEに対し株主代表訴訟を提起する場合に，Cの立場において考えられる主張及びその主張の当否について，論じなさい。

別　紙
履 歴 事 項 全 部 証 明 書

○○県○○市○○一丁目2番3号
甲株式会社
会社法人等番号　0123-01-123456

商　号	甲株式会社	
本　店	○○県○○市○○一丁目2番3号	
公告をする方法	官報に掲載してする。	
会社成立の年月日	平成20年6月2日	
目　的	1．食品の製造及び販売 2．不動産の賃貸 3．前各号に附帯する事業	
発行可能株式総数	2000株	
発行済株式の総数 並びに種類及び数	発行済株式の総数 　　500株	
	発行済株式の総数 　　900株	平成24年　6月10日変更
		平成24年　6月20日登記

資本金の額	金2000万円		
	金4000万円	平成24年　6月10日変更	
		平成24年　6月20日登記	
株式の譲渡制限に関する規定	当会社の株式を譲渡により取得するには，取締役会の承認を要する。		
役員に関する事項	取締役　　　　A	平成24年　5月20日重任	
		平成24年　6月1日登記	
	取締役　　　　C	平成24年　5月20日重任	
		平成24年　6月1日登記	
	取締役　　　　D	平成24年　5月20日退任	
		平成24年　6月1日登記	
	取締役　　　　E	平成24年　5月20日就任	
		平成24年　6月1日登記	
	○○県○○市○○一丁目2番4号 代表取締役　　　　A	平成24年　5月20日重任	
		平成24年　6月1日登記	
	○○県○○市○○五丁目6番7号 代表取締役　　　　E	平成24年　5月20日就任	
		平成24年　6月1日登記	
	監査役　　　　○○○○	平成24年　5月20日重任	
		平成24年　6月1日登記	
取締役会設置会社に関する事項	取締役会設置会社		
監査役設置会社に関する事項	監査役設置会社		

登記記録に関する事項	設立	
		平成20年　6月2日登記

　これは登記簿に記録されている閉鎖されていない事項の全部であることを証明した書面である。

　　　　　　平成26年　4月21日
　　　〇〇地方法務局
　　　　登記官　　　　　　　法　務　太　郎　|公　印|

整理番号　あ９８７６５４　＊　下線のあるものは抹消事項であることを示す。

第1 配点と設問の大枠を見る

まず配点はどうなっているでしょうか。

> 〔第2問〕（配点：100〔設問1〕から〔設問3〕までの配点の割合は，3：4：3〕）

あまり設問ごとに配点の差はありませんね。設問の内容を見てみましょう。

> 〔設問1〕　平成26年4月の時点で，本件株式発行の効力を争うためにCの立場において考えられる主張及びその主張の当否並びに本件株式発行に係る法律関係について，論じなさい。

前段は新株発行の効力に関する問題ということで，典型論点のような感じですね。一方後段の法律関係と言うのは抽象的な印象がします。

> 〔設問2〕　本件借入れの効果が甲社に帰属するかどうかに関し，これを肯定するHの立場とこれを否定する甲社の立場において考えられる主張及びその主張の当否について，論じなさい。

借入れの効果が会社に帰属するかどうか問われています。「効果帰属」ということですから，何らかの決議を欠く取締役の行為の効果といった論点が思い浮かびます。

> 〔設問3〕　CがD及びEに対し株主代表訴訟を提起する場合に，Cの立場において考えられる主張及びその主張の当否について，論じなさい。

株主代表訴訟とのことなので，任務懈怠に関する問題のような気がしますね。最後の設問なので，時間切れにならないよう，注意しましょう。

第2部　実践編

第2　問題文を読む，答案構成をする

それでは問題文を読んでいきましょう。

1. 甲株式会社（以下「甲社」という。）は，食品の製造及び販売等を業とする取締役会設置会社である。平成26年4月の時点における甲社の登記事項証明書（履歴事項全部証明書）は，別紙のとおりである。
2. 甲社の創業者であるAには，妻Bとの間に子Cがあり，Bの死亡後に再婚した妻Dとの間に子Eがある。甲社の株主構成としては，Aが300株，Cが50株，Dが100株，Eが50株[1]をそれぞれ有していた。

    甲社では，設立当初から，Aが代表取締役として対外的な事業活動を行い，CはAを手伝って事業活動に従事し，Dは資金管理・人事管理等を担当していた。
3. Eは，Cと性格が合わなかったため，甲社で就労することはなく，不動産の販売等を業とする乙株式会社（以下「乙社」という。）の取締役を務めていた。乙社の取締役は，Eのほか，Eの妻Fと乙社の創業者Gの合計3人であり，その代表取締役はGであった。
4. 甲社は，平成21年6月，その店舗に隣接してFが所有する狭小な土地（以下「本件土地」という。）があったことから，これを駐車場の用地として取得することとし，Fとの間で，本件土地の売買契約を締結した[2]。その際，売買代金は，本件土地に関する不動産鑑定士の鑑定評価に従い，250万円と定められた。

    Fは，上記の売買代金を受領し，甲社に対し本件土地を引き渡したが，本件土地の所有権移転登記手続に必要な書類を交付せず，甲社も，Fに対してその所有権移転登記手続を督促しなかったため，本件土地の登記名義人は，Fのまま[2]であった。
5. 甲社の売上げは順調に推移し，平成22年頃には，その年商は2億円程度に達した。これに対し，乙社は，不動産開発のための資金調達に苦労し，不動産販売等の事業展開が低迷した。

    Eは，乙社の将来に不安を覚えて転身を考え，Dに相談したところ，Dは，Eに対し，甲社に入社した上でCと接触の少ない部門において勤務することを勧めた。そこで，Eは，平成22年2月，乙社の取締役を辞任し，甲社の総務・企画部長として勤務を開始した[3]が，間もなくして，新規出店の計画立案，

①甲社の構成員を把握する。

②設問3に関係する。

③乙社を辞任しているので，利益相反は生じない。

第1章　平成26年

店舗用地の調達，金融機関からの資金調達等につき経営手腕を発揮し，頭角を現した。

6．その後，Dは，自らの存命中にEの甲社における地位を強固にすることを望み，Aと相談の上で，平成24年5月20日，自らの取締役の任期が満了④する機会に，その後任としてEを取締役の地位に就かせ，さらに，Aのほか，Eも代表取締役の地位に就かせることとした。

　Aは，必要な書類を準備して甲社の役員の変更の登記を申請し，その旨の登記がされた。Aは，Eが甲社の代表取締役に就任することにつき，あらかじめCの了解を得る予定であったが，Cの反発を恐れ，Cに説明をすることができず，また，上記の登記がされた後も，Cに何らの説明をしなかった。A及びDは，当面，引き続きAが代表取締役として活動しつつ，Eに副社長という肩書で対外的に活動することを認める⑤こととした。

7．Eは，将来のAの相続の在り方によっては，その保有株式数に照らして甲社における地位が安定的でないことを懸念していた。

　そこで，Dは，平成24年6月，Eが甲社の支配株主となることを目的として，甲社が400株の募集株式を発行し，その全部をEに割り当てることを計画⑥した。Eは，甲社株式の1株当たりの直近の純資産額が10万円である旨の専門家の鑑定評価があったことから，自ら所有する4000万円相当の賃貸用の建物を出資の目的⑦とすることとした。この建物は，必要経費を控除しても，毎年100万円の収益が見込まれるものであった。

　Dは，A，C及びEに対し，甲社の将来の運営について相談したい旨を伝え，これらの者が集まった席上で，EをAの後継者としたいこと，及び甲社が400株の募集株式を発行してその全部をEに割り当てたいことを説明し，賛同を求めた。Cは，この提案に反発して直ちに退席し，Aは，時期尚早として態度を保留⑧した。

　しかし，Eは，上記の甲社の募集株式の発行（以下「本件株式発行」という。）につき，株主全員の賛成があった旨の株主総会議事録を作成し，甲社に対し上記の出資の履行をした⑨。なお，出資の目的とされた建物に関しては，価額が相当であることについての弁護士の証明及び不動産鑑定士の鑑定評価を受けており⑨，検査役の調査を経ていない。

④Dはこの時点で取締役を退任している。

⑤Eは取締役に選任されていない。

⑥会社支配の維持強化が目的。

⑦現物出資。

⑧株主総会特別決議は成立していない。

⑨手続は履践している。

65

Eは，必要な書類を準備して甲社の募集株式の発行による変更の登記を申請し，その旨の登記がされた。そして，Dは，A及びCに対し，本件株式発行の計画を断念したなどと，虚偽の事実を述べた⑩。　　　　　　　　　　　　　　　　　　　⑩Cは気付くことができない。

8．その後，Fは，Eが甲社を代表して金融機関との折衝を行っていたことから，甲社から乙社に対する貸付けにより乙社の不動産開発計画を推進することを計画し，開発した不動産の分譲後に借入金を甲社に返済する旨を説明して，この計画をEに提案した。Eが甲社の運転資金から貸付金を捻出することは難しい旨を述べると，Fは，知人のHが甲社に資金を貸し付けた上で，甲社がその資金を乙社に貸し付けるという方法を提案した。

Eは，平成24年12月⑪，上記のFの提案についてDに相談したところ，Dは，「既に取締役を退任して資金管理をEに委ねているので，自分が判断すべき事柄ではないが，甲社にはリスクがあるだけでメリットがないので，やめた方がよいのではないか。」と述べた⑫。　　　　　　　　　　　　　　　　⑪この時点で，Dは既に取締役を退任しているが……。

⑫Dの監視義務は十分に果たされていないと言える。

Eは，Dの助言に戸惑いつつも，Fの要請に抗し難く，その提案を受け入れることとし，独断で，甲社を代表して，Hから2億円を年10％の利息の約定で借り入れた（以下「本件借入れ⑬」という。）。本件借入れに先立ち，Eは，Hに対し，甲社の店舗建設のための資金として必要である旨を説明したが，その説明が曖昧であったため，Hから，甲社の事業計画に関する資料等を交付するよう求められていた。もっとも，本件借入れは，Eがこれらの資料等を交付しないまま実行された⑭。　⑬Eは取締役会決議なくしてかかる行為を行っている。

⑭Hの過失を基礎づける。

そして，Eは，平成25年1月，独断で，甲社を代表して，乙社に対し上記の2億円を年10％の利息の約定で貸し付けた（以下「本件貸付け⑬」という。）。　　　　　　　　　　⑮設問3に関わる。

9．Fは，平成26年3月に死亡し，その全財産をEが相続した。これに伴い，本件土地につき，相続を原因とするEへの所有権移転登記がされた⑮。　　　　　　　　　　　　　　　　　⑯ここで初めて，Cは何らかの手段を採りうるようになる。

10．A及びCは，平成26年4月⑯，本件借入れ及び本件貸付けの事実を知り，その調査を進める中で，上記の一連の経緯が明らかになった。

また，乙社は，不動産開発計画が行き詰まって財務状態が悪化し，その結果，甲社は，本件貸付けに係る金員の返済を受けられないことが確実⑰になった。　　　　　　　　　　　　　⑰損害発生。

1 設問1
(1) 設問1前段
ア　Cの採り得る手段

　問われているのは，本件株式発行の効力を争うCの主張とその当否，そしてこれに付随して，本件株式発行にかかる法律関係がどうなるか，という点です。

　既に株式は発行されているので，まずCが採り得る手段として考えられるのは，新株発行無効の訴え（828条1項2号）です。しかし，株式が発行されたと思われるのが平成24年6月で，Cが一連の事情に気付いたのは平成26年4月です。Cは新株発行無効の訴えを提起できませんよね。なぜなら，出訴期間（甲社は非公開会社なので効力発生日から1年（828条1項2号かっこ書）。）を過ぎてしまっているからです。

　そうだとすると，Cに残された手段は新株発行の不存在確認の訴え（829条1項1号）しかありません。

イ　新株発行の不存在事由[17]

　では新株発行の不存在事由とは何でしょうか。これについては知らない方もいらっしゃるかもしれませんが，訴えの性質から何らかの規範を定立しましょう。

　つまり，新株発行不存在確認の訴えはいつでも誰でも提起出来てしまうわけですから，不存在事由は限定的に解さないと，取引安全の要請が著しく害されてしまいます。そこで新株発行の実体さえ存しない場合には，かかる主張が認められるとされています。

　では本問でそのような事由はあると言えるのでしょうか。

　まず本件新株発行を主導したEは「副社長」との肩書きを甲社から与えられ，事実上の代表取締役として活動しています。また，Eは現物出資財産の価格が相当であることについて，弁護士の証明・不動産鑑定士の鑑定評価という207条9項4号に定められた手続を履践しています。さらに，Eは現物出資の履行を行っており，募集株式発行による変更の登記を行っています。加えて，株主全員（ACDE）が集まって新株発行について話し合う場がもたれています。これらの事情は新株発行の実体を推認させる事情になります。

　一方，そもそもEは甲社の株主総会で取締役として選任されておらず，取締役会においてEを代表取締役とする決議はなされていません。つまりEは適法

---
[17] この論点につき，詳しくはリークエ332頁，田中500頁。

に甲社の取締役・代表取締役に選任されていないのです。さらに，本件新株発行についても甲社は非公開会社であるため本来株主総会特別決議が必要である（309条2項5号・199条2項）ところ，発行済株式500株のうち50株を有するCが反対，300株を有するAが態度を保留しているので，株主総会特別決議は成立していません。加えて，Eは会社支配権の確立を目的として，Cに対して株式発行計画を断念したと虚偽の事実を述べてまで本件新株発行を行っています。これらの事情は，新株発行の実体の不存在を推認させる事情になります。

以上の事項を総合的に評価して新株発行の実体の有無を判断すれば良いでしょう。東京高判平15.1.30が新株発行の実体が存在しない場合として，「新株発行の手続が全くされずに，新株発行の登記がされている場合であるとか，代表権限のない者が新株の株券を独断で発行した場合など」を掲げていることにかんがみると，本件では新株発行の実体がなく，不存在事由があるとしても良いでしょう。

(2) 設問1後段

次に設問1の後段を見てみましょう。問われているのは，本件新株発行にかかる法律関係です。

本件新株発行が不存在だとした場合，その効力はどうなるのでしょうか。会社法は839条において会社組織に関する訴えにかかる請求を認容する判決が確定した場合は，会社の行為は将来に向かって効力を失うという将来効について定めています。しかし，この訴えの中に新株発行不存在の訴えは含まれていません。

そうだとすると，新株発行不存在の訴えにかかる請求を認容する判決が確定した場合は，遡及的に会社の行為の効果が失われると考えるのが素直でしょう。

その結果，発行された新株が効力を失う一方，甲社はEに対して，現物出資された建物を返還する義務を負うことになるでしょう。

2　設問 2

設問 2 では 3 つのことが問われています。すなわち，①本件借入れの甲社への効果帰属を肯定する H の主張，②これを否定する甲社の主張，そして③その当否です。それぞれについて見ていきましょう。

(1)　①H の主張

H としては，まず **E が権限を有する甲社の代表取締役** であり本件借入れの効果が甲社に帰属するとの主張が考えられます。(a)

仮に E が甲社の代表取締役でなかったとしても，「副社長」との肩書きが付されていたのだから，**表見代表取締役であるとして 354 条に基づく主張**を行うでしょう。(b)(c)

また，本件借入れにつき**甲社の取締役会決議がなかったとしても，H はその点につき善意である**から本件借入れは有効であると主張することが考えられます。(d)

(2)　②甲社の主張

甲社としてはまず，そもそも **E は甲社の代表取締役ではなく**，本件借入れの効果は甲社に帰属しないとの主張が考えられます。(a)

さらに，E は甲社の取締役ですらないため，**354 条の適用は認められない**との主張を行うことが考えられます。(b)

仮に 354 条に基づく主張が可能であるとしても，**H は「善意の第三者」とは言えない**との主張もあり得るでしょう。(c)

加えて，本件借入れが甲社にとって**「多額の借財」**（362 条 4 項 2 号）にあたるにもかかわらず，**甲社内で取締役会決議がないため，本件借入れは無効である**という主張があり得ます。(d)

重要なのは，これらの主張・反論をかみ合わせることです。かみ合っていないと主張の当否を検討するのが難しくなります。

	Hの主張	甲社の主張
(a)	Eは代表取締役。	Eは代表取締役でなく無権限。
(b)	354条の類推適用がある。	Eは取締役でなく354条の直接適用は不可。
(c)	Hは354条の「善意の第三者」である。	Hは354条の「善意の第三者」でない。
(d)	取締役会決議の不存在につき善意	「多額の借財」だが取締役会決議なし。

(3) ③主張の当否
ア (a)について

(a)について見てみましょう。設問1前段でも見ましたが、Eは甲社の株主総会で取締役として選任されておらず、取締役会においてEを代表取締役とする決議はなされていません。そうだとすると、Hは甲社の代表取締役ではなく、甲社の主張が認められます。

イ (b)について[18]

(b)についても、Eは甲社の「取締役」ではないので354条の直接適用はできません。しかし同条の趣旨は権利外観法理にあり、これは取引を行った者が会社の「取締役」でなくとも同様に妥当します。そこで、同条の類推適用が肯定され、この点についてはHの主張が認められます。

他の要件についても、甲社はHに対して「副社長」という「名称を付した」と言え充足するので、Hが主張するとおり、354条の類推適用は認められるでしょう。

ウ (c)について[19]

そこで(c)について見ます。同条の「善意」とは善意無重過失をいうと解されている（最判昭52.10.14 百選48事件）ところ、登記簿上Eは甲社の代表取締役で、HにはEが権限を有していないと疑う契機は乏しく、少なくとも重過失はなかったと言えます。すなわち、Hは354条の「善意の第三者」にあたります。このような認定をすることで、(d)を論じる意義を失わせないことができます。

---

[18] この論点につき、詳しくはリークエ188頁、田中232頁。
[19] この論点につき、詳しくはリークエ188頁、田中233頁。

エ (d)について[20]

これを踏まえて、最後に(d)について見てみましょう。

まず甲社は資本金の額が2000万円程度である会社に過ぎません。このような会社にとって資本金額の10倍に相当する2億円もの大金の借入れは、争いなく**「多額の借財」にあたる**と言って良いでしょう。そうすると、本来甲社内で取締役会決議が必要であるのに、かかる決議がなされていないことになり、**取締役会決議なき（表見）代表取締役の行為の効力が問題**となります。

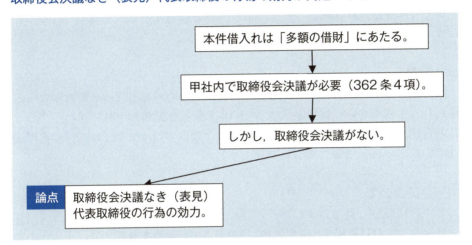

本件では、Eが表見代表取締役であるという特殊性がありますが、甲社の責任を認める354条の類推適用を肯定するのであれば、真の代表取締役が取締役会決議なく取引行為を行った場合と同様に考えて良いでしょう。

この点について最判昭40.9.22（百選64事件）は以下のように述べています。

■最判昭40.9.22（百選64事件）
【判旨】
代表取締役が、取締役会の決議を経てすることを要する対外的な個々的取引行為を、右決議を経ないでした場合でも、右取引行為は、内部的意思決定を欠くに止まるから、原則として有効であつて、ただ、相手方が右決議を経ていないことを知りまたは知り得べかりしときに限つて、無効である。

---

20 この論点につき、詳しくはリークエ189頁、田中230頁。

つまり，**取引の相手方が取締役会決議の不存在につき，悪意又は有過失である場合は，取引は無効である**と述べています。

本問では，登記簿上甲社の資本金の額を知ることが可能であり2億円もの金額が甲社にとって「多額の借財」にあたることはHにとっても明らかであったと言えます。そうだとすればHには甲社における取締役会決議の存否について確認すべき義務があったと言えます。それにもかかわらず，Hはこのような確認をせず金銭を貸し付けており，この点で**Hに過失がある**と言えます。

よって**本件借入れは無効**であり，(d)については甲社の主張が認められることになります。

3　設問3

問われているのは，DとEに対する責任追及を行うとして，Cの対場から考えられる主張です。Cは株主代表訴訟（847条）を提起し甲社に代わってDとEの責任を追及しているのですから，問題となるのは423条1項です。典型論点ですね（と言いつつ，難しい問題です）。

(1)　Dについて

まずDについて見てみましょう。

登記簿上，**Dは平成24年5月20日の時点で取締役を退任**しています。そのため平成24年12月の段階でHからの借入れを阻止せず，結局平成25年1月に行われた本件貸付けによって甲社に損害が生じたとしても，**Dは，もはや「取締役」ではなく「役員等」にあたらない以上，423条1項に基づく責任は負わない**，と考えてしまうことは現場ではやむを得ないと思われます。確かに「やめた方がよいのではないか」と述べただけで十分な監視を行っていないことを捉えて，任務懈怠責任を負わせたいと感じるかもしれません。しかし，試験現場では，退任したDを「役員等」にあたると言える法律論を展開できない限り，Dに423条1項に基づく責任を負わせることは難しいと考えることもやむを得ないでしょう。

(2) Eについて

 確かにEは前述の通り，適法に選任された甲社の取締役ではありません。しかしEは，甲社を代表して金融機関と交渉するなど，甲社において重要な役割を果たしているため事実上の取締役[21]にあたると言えそうです。
 そこで，423条1項の類推適用によりEの責任を追及できると考えて良いでしょう。
 そしてEは，「多額の借財」にあたり取締役会決議が必要な本件借入れ，及び「重要な財産の処分」にあたり取締役会決議が必要な本件貸付けを，取締役会決議なくして行うという法令違反行為を行っています（362条4項）。そのためEは「任務を怠った」と言えます。
 そしてこの点につきEには過失があると言え，貸付金2億円及び年10%の利息が回収できなくなったという「損害」が生じ，これと任務懈怠との間の因果関係も認められます。
 よってCはEに対して，株主代表訴訟において423条1項に基づく責任を追及することができます。

第3　本年の問題のまとめ

 設問1では，前段で新株発行不存在確認の訴えを提起すべきことを指摘し，不存在事由に関する規範を定立した上で，事実をたくさん拾って評価することが必須でした。この問題では高得点を狙いたいところです。後段では，新株発行不存在確認の訴えにかかる請求が認容された場合，遡及効が生じることを指摘できればよかったと思われます。
 設問2では，Hと甲社の主張をかみ合わせた上で，その当否について検討することが必要でした。典型論点が並んでいる部分なので，一つずつ丁寧に検討すべきだったと言えます。
 設問3は任務懈怠に関する問題でしたが，中心的な論点は任務懈怠の有無ではなく，「役員等」に該当するか否かで，典型的なものとはいえなかったでしょう。ですから，任務懈怠の有無など，ある程度のことが書ければ十分だったと思われます。

---

[21] この論点につき，詳しくはリークエ25，254頁，田中358頁。

参考答案（現実的な答案）

第1　設問1
1　Ｃの主張
　Ｃは本件新株発行の無効の訴えを提起することが考えられる。しかし，本件新株発行が行われたのは平成24年6月頃であり，平成26年4月の時点で既に出訴期間が経過している（828条1項2号）。
　そこでＣとしては新株発行不存在確認の訴え（829条1号）を提起し，本件新株発行が不存在である事を主張すべきである。
2　主張の当否
(1)ア　新株発行不存在確認の訴えは，出訴期間や原告適格による制約なく提起可能であるから，新株発行の不存在事由を広く解すると過度に取引安全を害することになる。
　　　そこで，新株発行の実体さえない場合に限り，新株発行の不存在事由が認められると考える。
　イ　本問について見ると，確かに本件新株発行を主導したＥは「副社長」との肩書を甲社から与えられて事実上の代表取締役として活動しており，Ｅは現物出資財産の価格が相当であることについて，弁護士の証明・不動産鑑定士の鑑定評価という207条9項4号に定められた手続を履践している。さらにＥは現物出資の履行を行っており，募集株式発行による変更の登記を行っている。加えて，株主全員（ＡＣＤＥ）が集まって新株発行について話し合う場がもたれている。そのため，新株発行の実体は存在するとも思える。
　　　しかし，そもそもＥは甲社の株主総会で取締役として選任されておらず，取締役会においてＥを代表取締役とする決議はなされていない。つまりＥは適法に甲社の取締役・代表取締役に選任されていない。さらに，本件新株発行についても甲社は非公開会社であるため本来株主総会特別決議が必要である（309条2項5号・199条2項）ところ，発行済株式500株のうち50株を有するＣが反対，300株を有するＡが態度を保留しているので，株主総会特別決議は成立していない。加えて，Ｅは会社支配権の確立を目的として，Ｃに対して株式発行計画を断念したと虚偽の事実を述べてまで本件新株発行を行っている。このため，Ｃとしては本件新株発行の無効を主張する機会が与えられていなかった。
　　　これらの事情を考慮すると，甲社では新株発行の手続が全くされ

ずに新株発行の登記がされ,代表権限のない者が新株を独断で発行したと評価できるから,新株発行の実体さえない場合にあたると言える。
　ウ　よってCによる新株発行の不存在確認の訴えにかかる請求は認容される。
3　法律関係
　将来効を定める839条には,新株発行不存在確認の訴えは含まれていないから,この訴えにかかる請求が認容された場合には遡及効が生じると考える。よって甲社はEから現物出資された建物をEに返還する義務を負う。
第2　設問2
1　Hの主張
　Hとしては以下の主張を行うと考えられる。
⑴　Eは,権限を有する甲社の代表取締役でありEが行った本件借入れの効果は甲社に帰属する。
⑵　仮にEが甲社の代表取締役でなかったとしても,「副社長」との肩書が付されていたのだから,表見代表取締役であるとして354条に基づく請求が認められる。
⑶　本件借入れは「多額の借財」(362条2項4号)にあたるところ,これにつき甲社の取締役会決議がなかったとしても,Hはその点につき善意であるから本件借入れは有効である。
2　甲社の主張
　一方,甲社としては以下の主張を行うと考えられる。
⑴　そもそもHは甲社の代表取締役ではなく,本件借入れの効果は甲社に帰属しない。
⑵　Hは甲社の取締役ですらないため,354条の適用は認められない。
⑶　仮に354条に基づく主張が可能であるとしても,Hは「善意の第三者」とは言えない。
⑷　本件借入れが甲社にとって「多額の借財」(362条4項2号)にあたるにもかかわらず,甲社内で取締役会決議がないため,本件借入れは無効である。
3　主張の当否
⑴　まず前述の通り,Eは甲社の株主総会で取締役として選任されておらず,取締役会においてEを代表取締役とする決議もなされていないので,Eは甲社の代表取締役として甲社を代表する権限を有しない。

(2) またEは甲社の「取締役」でないから、354条を直接適用することは出来ない。
(3)ア　もっとも同条の趣旨は、会社を代表する権限を有するかのような外観をもつ者と取引を行った者を保護するという権利外観法理にある。そしてかかる趣旨は取引を行った者が取締役でない場合にも同様に妥当する。そこで、会社の従業員が会社を代表する権限を有するかのような外観をもって取引を行った場合にも同条を類推適用すべきと考える。
　イ　本問Eは甲社の取締役ではないものの、甲社の従業員として同社の総務・企画部長を務めている。そして甲社はEに対して「副社長」という「名称を付した」と言える。
　ウ　よってHが「善意の第三者」にあたる場合には、354条類推適用により、本件借入れの効果が甲社に帰属しうる。
(4)ア　ここで、354条は単に「善意」と定めているものの、迅速性・取引安全が要求される商取引においては、重過失ある者は悪意者と同視しうるので、同条の「善意」とは善意無重過失を言うと解する。
　イ　本問について見ると、登記簿上Eは甲社の代表取締役で、HにはEが権限を有していないと疑う契機は乏しかったと言える。そうだとすれば、少なくともHに重過失はなかったと言え、Hは「善意の第三者」にあたる。
　ウ　以上より354条類推適用が認められ、本件借入れの効果が甲社に帰属しうる。
(5) そうだとしても、甲社は資本金の額が2000万円程度である会社であり、資本金額の10倍に相当する2億円もの大金の借入れは甲社にとって「多額の借財」（362条4項2号）にあたる。そのため本来取締役会決議が必要であるところ、Eはかかる決議を経ずに本件借入れを実行している。そこで、Eは表見代表取締役であるものの、354条類推適用によりその行為の効果が甲社に帰属しうるため、取締役会決議を欠く表見代表取締役の行為の効力が問題となる。
　ア　この点、代表取締役のかかる行為は会社の内部的意思決定を欠くにとどまるため、取引安全の観点から原則として有効であると考える。もっとも、相手方が取締役会決議の不存在につき悪意又は有過失である場合は無効となると解する。
　イ　本問について見ると、登記簿上甲社の資本金の額を知ることが可能であり、2億円もの金額が甲社にとって「多額の借財」にあたる

ことはHにとっても明らかであった。そうだとすればHには甲社における取締役会決議の存否について確認すべき義務があったと言える。しかしHはこのような確認をせず、安易に金銭を貸し付けており、この点でHに過失があると言える。
　ウ　よって本件借入れは無効である。
(6)　以上より、甲社が主張するとおり、本件借入れは甲社との関係では無効である。
第3　設問3
1　Cの主張
　Cは株主代表訴訟（847条）において、D及びEに対して423条1項に基づく責任追及を行うことが考えられる。
2　Dについて
　本問Dは平成24年5月20日に取締役の任期が満了し、退任しているためもはや同項の「役員等」にあたらない。
　よってCはDに対して、株主代表訴訟において423条1項に基づく責任追及をすることは出来ない。
3　Eについて
(1)　まず前述の通りEは甲社の「取締役」として適法に選任されていないから、同項を直接適用することは出来ない。
　しかし、Eは「副社長」という肩書が与えられ、甲社を代表して金融機関と交渉するなど、甲社において重要な役割を果たしている。そのためEは事実上の取締役にあたるとして、同項を類推適用しうると考える。
(2)　そしてEは、「多額の借財」にあたり取締役会決議が必要な本件借入れ、及び「重要な財産の処分」にあたり取締役会決議が必要な本件貸付けを、取締役会決議なくして行うという362条4項に反する行為を行っている。よってEは「任務を怠った」と言える。
(3)　この点につき、少なくともEに過失が認められる。
(4)　そしてかかる任務懈怠「によって」貸付金2億円及び年10％の利息が回収できなくなったという「損害」が生じている。
(5)　以上より、CはEに対して、株主代表訴訟において423条1項に基づく責任を追及することができる。

　　　　　　　　　　　　　　　　　　　　　　　　　　　以上

第2部　実践編

第4　2周目の解説

さて，現場で対応することは難しいものの理解を深めるために有益と思われる事項について考えてみましょう。

1　設問1　本件株式発行にかかる法律関係

この問題で問われていたのは，840条1項の類推適用の可否だったようです。もっとも，840条の適用場面である新株発行無効の訴えが認容された場合，839条により将来効が生じるにとどまるとされているので，840条は遡及効がない場面を前提とした規定であると言えそうです。

そうだとすると，遡及効が生じる新株発行不存在確認の訴えが認容された場合，840条1項の類推適用は認められないとするのも1つの筋であると思われます。そうすると，840条1項ではなく，民法703条に基づく不当利得返還請求をすることになると思われます。

さらに問題文中に，Eが現物出資した建物は「毎年100万円の収益が見込まれるもの」という記述があるので，遡及効が生じるとすると，この返還も請求できそうです。これは建物から生じる法定果実ですから，法的根拠は民法190条1項，189条2項となります。

2　設問2　908条2項と代理権濫用

(1)　論述が求められていた他の主張

この問題では，Hと甲社それぞれの立場から考えられる主張を列挙してその当否を検討することが求められていましたが，1周目に挙げていなかった事項として，①Eが代表取締役であるという不実の登記がなされていたことを理由とする908条2項に基づくHの主張，そして②Eは甲社の事業のためではなく，以前勤めていた乙社の事業のために本件借入れを行っており，これはEの権限濫用であるとの甲社の主張，を行うことが考えられます。

(2)　①908条2項に基づくHの主張[22]

①については権利外観法理を趣旨とする点で354条と重なってしまうため，書き忘れてしまうことも多かったのではないでしょうか。記述についても354条と重なる部分が多そうです。

---

[22] この論点につき，詳しくはリークエ254頁，田中357頁。

(3) ②Eの権限濫用に関する甲社の主張[23]

②については，民法93条ただし書類推適用により，原則有効であるものの，相手方が代表取締役の真意を知りまたは知ることができたときは無効とするのが判例です（最判昭38.9.5）。

本問Hは甲社の事業計画に関する資料などの交付を受けないまま融資を実行しているので，少なくともHには，Eの真意を知らなかったことにつき過失があると言えます。

よって本件借入れの効果は甲社との関係では無効となると考えるのが1つの筋です。

これについても「多額の借財」に関する論述と重なることが多いので，気付いて論述することは難しかったと思われます。

3 設問3　Dの責任について
(1) 責任追及の可否[24]

1周目では，Dが「役員等」にあたらず責任を負わないという結論をとりました。現場ではこの対応もやむを得ないと言えます。しかし受験生としてはあまりにも簡潔すぎておかしいと感じた方もいらっしゃったと思います。

実際，出題趣旨ではDは423条1項の責任を負いうることが示されています。その理由は，**Eは適法に取締役に選任されていないことから，Dは退任後もなお取締役としての権利義務を負うことを示した346条1項**です。

同項は役員に欠員が生じた場合，退任した役員は新たに選任された役員が就任するまで，役員としての権利義務を有することを定めた規定です。取締役会設置会社においては，取締役の員数は3人以上でなければならない（331条5項）ところ，Dが退任すると甲社の取締役はAとCの2人になってしまい，欠員が生じます。そして前述の通りEは適法に取締役に選任されていないので，Dはなお取締役としての権利義務を有することになるのです。

よってDは423条1項に基づく責任を負うとして良いということになります。346条1項の指摘が求められていたのですが，これはかなり難しかったのではないのでしょうか。

---

[23] この論点につき，詳しくはリークエ188頁，田中231頁。
[24] この点につき，詳しくはリークエ172頁，田中210頁。

(2) Dの任務懈怠[25]

ではDにいかなる任務懈怠があったのでしょうか。

Dは本件借入れにつき，「甲社にはリスクがあるだけでメリットがないので，やめた方がよいのではないか。」と述べており，そのリスクを認識しています。それにもかかわらず，退任したことのみを理由に，それ以上の措置をとっておらず，監視義務に違反したと言えそうです。

確かにDは退任したから責任を負うことはないと考えており，監視義務違反に問われることはDに酷とも思えます。しかし，そもそもDはEを事実上の取締役に据えることを画策した中心人物であり，346条1項を前提にすればなおD自身が監視義務を負うことを認識しなければならない立場にあります。そのためDに責任を負わせることも許されて良いでしょう。

(3) 帰責性・損害・因果関係

これについては，Eと同様に考えて良いでしょう。

4 設問3　Eの甲社に対する本件土地の所有権移転登記義務[26]

Eには任務懈怠以外に，甲社に対する本件土地の所有権移転登記義務を履行しなければならないという義務があります。

なぜなら，問題文中に，甲社はFとの間に本件土地の売買契約を締結しているものの，登記はFの下に残ったままであり，その後EがFを相続したという事情があるためです。

問題は，かかる義務がEの取締役としての地位に基づくものではなく，一私人としての地位に基づくものであるため，株主代表訴訟の対象となる「責任」（847条1項本文）に含まれるかという点です。

847条の趣旨は，取締役間の馴れ合いにより会社から取締役への責任追及を怠ることを防止する点にあります。このことは，たとえ取締役が一私人として会社に対して負う義務であっても妥当するので，Eの甲社に対する本件土地の所有権移転登記義務も「責任」に含まれるとして良いでしょう。

よって，Cは株主代表訴訟においてEに対して，甲社に対し本件土地の所有権移転登記義務を履行するよう求めることができると解するのが1つの考え方です。

---

[25] この論点につき，詳しくはリークエ233頁，田中263頁。
[26] この論点につき，詳しくはリークエ243頁，田中335頁。

参考答案（出題趣旨を踏まえつつ修正した答案）

第1　設問1
1　Cの主張
　Cは本件新株発行の無効の訴えを提起することが考えられる。しかし，本件新株発行が行われたのは平成24年6月頃であり，平成26年4月の時点で既に出訴期間が経過している（828条1項2号）。
　そこでCとしては新株発行不存在確認の訴え（829条1号）を提起し，本件新株発行が不存在である事を主張すべきである。
2　主張の当否
(1)ア　新株発行不存在確認の訴えは，出訴期間や原告適格による制約なく提起可能であるから，新株発行の不存在事由を広く解すると過度に取引安全を害することになる。
　そこで，新株発行の実体さえない場合に限り，新株発行の不存在事由が認められると考える。
　イ　本問について見ると，確かに本件新株発行を主導したEは「副社長」との肩書を甲社から与えられて事実上の代表取締役として活動しており，Eは現物出資財産の価格が相当であることについて，弁護士の証明・不動産鑑定士の鑑定評価という207条9項4号に定められた手続を履践している。さらにEは現物出資の履行を行っており，募集株式発行による変更の登記を行っている。加えて，株主全員（ACDE）が集まって新株発行について話し合う場がもたれている。そのため，新株発行の実体は存在するとも思える。
　しかし，そもそもEは甲社の株主総会で取締役として選任されておらず，取締役会においてEを代表取締役とする決議はなされていない。つまりEは適法に甲社の取締役・代表取締役に選任されていない。さらに，本件新株発行についても甲社は非公開会社であるため本来株主総会特別決議が必要である（309条2項5号・199条2項）ところ，発行済株式500株のうち50株を有するCが反対，300株を有するAが態度を保留しているので，株主総会特別決議は成立していない。加えて，Eは会社支配権の確立を目的として，Cに対して株式発行計画を断念したと虚偽の事実を述べてまで本件新株発行を行っている。このため，Cとしては本件新株発行の無効を主張する機会が与えられていなかった。
　これらの事情を考慮すると，甲社では新株発行の手続が全くされ

ずに新株発行の登記がされ,代表権限のない者が新株を独断で発行したと評価できるから,新株発行の実体さえない場合にあたると言える。
　　ウ　よってＣによる新株発行の不存在確認の訴えにかかる請求は認容される。
３　法律関係
　将来効を定める839条に新株発行不存在確認の訴えは含まれていないから,この訴えにかかる請求が認容された場合には遡及効が生じると考える。そうだとすると839条により新株発行無効の訴えにかかる請求が認容された場合は将来効が生じるにとどまることを前提とした840条１項の類推適用を,新株発行不存在確認の訴えにかかる請求が認容された場合に認めることは出来ない。
　よって甲社は民法703条に基づきＥから現物出資された建物及び民法190条１項・189条２項に基づきそこから生じる年間100万円の収益をＥに返還する義務を負う。

第２　設問２
１　Ｈの主張
　Ｈとしては以下の主張を行うと考えられる。
⑴　Ｅは,権限を有する甲社の代表取締役でありＥが行った本件借入れの効果は甲社に帰属する。
⑵　仮にＥが甲社の代表取締役でなかったとしても,「副社長」との肩書が付されていたのだから,表見代表取締役であるとして354条に基づく請求が認められる。
⑶　またＥは代表取締役でないのにその旨の不実の登記がなされているから,908条２項により甲社はＥが代表取締役でないことを対抗できない。
⑷　本件借入れは「多額の借財」（362条２項４号）にあたるところ,これにつき甲社の取締役会決議がなかったとしても,Ｈはその点につき善意であるから本件借入れは有効である。
２　甲社の主張
　一方,甲社としては以下の主張を行うと考えられる。
⑴　そもそもＨは甲社の代表取締役ではなく,本件借入れの効果は甲社に帰属しない。
⑵　Ｈは甲社の取締役ですらないため,354条の適用は認められない。
⑶　仮に354条に基づく主張が可能であるとしても,Ｈは「善意の第三

者」とは言えない。
  (4) 本件借入れが甲社にとって「多額の借財」（362条4項2号）にあたるにもかかわらず，甲社内で取締役会決議がないため，本件借入れは無効である。
  (5) 本件借入れは甲社の事業上必要ではなく，Eが乙社の便宜を図るためその権限を濫用して行われたものであるから，本件借入れは無効である（民法93条ただし書類推適用）。
3 主張の当否
  (1) まず前述の通り，Eは甲社の株主総会で取締役として選任されておらず，取締役会においてEを代表取締役とする決議もなされていないので，Eは甲社の代表取締役として甲社を代表する権限を有しない。
  (2) またEは甲社の「取締役」でないから，354条を直接適用することは出来ない。
  (3)ア もっとも同条の趣旨は，会社を代表する権限を有するかのような外観をもつ者と取引を行った者を保護するという権利外観法理にある。そしてかかる趣旨は取引を行った者が取締役でない場合にも同様に妥当する。そこで，会社の従業員が会社を代表する権限を有するかのような外観をもって取引を行った場合にも同条を類推適用すべきと考える。
  イ 本問Eは甲社の取締役ではないものの，甲社の従業員として同社の総務・企画部長を務めている。そして甲社はEに対して「副社長」という「名称を付した」と言える。
  ウ よってHが「善意の第三者」にあたる場合には，354条類推適用により，本件借入れの効果が甲社に帰属しうる。
  (4)ア ここで，354条は単に「善意」と定めているものの，迅速性・取引安全が要求される商取引においては，重過失ある者は悪意者と同視しうるので，同条の「善意」とは善意無重過失を言うと解する。
  イ 本問について見ると，登記簿上Eは甲社の代表取締役で，HにはEが権限を有していないと疑う契機は乏しかったと言える。そうだとすれば，少なくともHに重過失はなかったと言え，Hは「善意の第三者」にあたる。
  ウ 以上より354条類推適用が認められ，本件借入れの効果が甲社に帰属しうる。
  (5) 次に，甲社はEが代表取締役であるとの不実の登記をしているから，908条2項の適用があれば，甲社はEが代表取締役でないことを

対抗できないことになる。
　そして甲社は、Aの申請により「故意」にEが代表取締役である旨の「不実の事項を登記」しているから、「善意の第三者」たるHに、Eが代表取締役でないことを対抗できない。
(6)　そうだとしても、甲社は資本金の額が2000万円程度である会社であり、資本金額の10倍に相当する2億円もの大金の借入れは甲社にとって「多額の借財」（362条4項2号）にあたる。そのため本来取締役会決議が必要であるところ、Eはかかる決議を経ずに本件借入れを実行している。そこで、Eは表見代表取締役であるものの、354条類推適用によりその行為の効果が甲社に帰属しうるため、取締役会決議を欠く表見代表取締役の行為の効力が問題となる。
　ア　この点、代表取締役のかかる行為は会社の内部的意思決定を欠くにとどまるため、取引安全の観点から原則として有効であると考える。もっとも、相手方が取締役会決議の不存在につき悪意又は有過失である場合は無効となると解する。
　イ　本問について見ると、登記簿上甲社の資本金の額を知ることが可能であり、2億円もの金額が甲社にとって「多額の借財」にあたることはHにとっても明らかであった。そうだとすればHには甲社における取締役会決議の存否について確認すべき義務があったと言える。しかしHはこのような確認をせず、安易に金銭を貸し付けており、この点でHに過失があると言える。
　ウ　よって本件借入れは無効である。
(7)ア　また、Eは甲社の事業のためではなく、以前勤めていた乙社の事業のために本件借入れを行っており、これはEの権限濫用である。そこで民法93条ただし書類推適用により、本件借入れは、原則として有効であるものの、HがEの真意を知りまたは知ることができたときは無効となる。
　イ　そして前述のように、本問Hは甲社の事業計画に関する資料などの交付を受けないまま融資を実行しているので、少なくともHには、Eの真意を知らなかったことにつき過失がある。
　ウ　よってこの点からも本件借入れは無効である。
(8)　以上より、甲社が主張するとおり、本件借入れは無効である。

第3　設問3
1　Cの主張
　Cは株主代表訴訟（847条）において、D及びEに対して423条1項

に基づく責任追及を行うこと，及びEに対して甲社に対する本件土地の所有権移転登記義務を履行するよう求めることが考えられる。

2 Dについて
(1) 本問Dは平成24年5月20日に取締役の任期が満了し，退任しているためもはや同項の「役員等」にあたらず責任を負わないとも思える。
　　しかし，取締役会設置会社においては，取締役の員数は3人以上でなければならない（331条5項）ところ，Dが退任すると甲社の取締役はAとCのみとなり欠員が生じる。そして前述の通りEは適法に取締役に選任されていないので，346条1項より，本件借入れ・本件貸付の時点でDはなお取締役としての権利義務を有することになる。
(2)ア 各取締役は，代表取締役の職務執行を監督する義務を負う取締役会の構成員であるから，他の取締役の監督義務を負う（362条2項2号）。
　イ 本問Dは，Eが適法に選任された取締役でないことを認識していたのであるから，退任後もなおEの職務執行を監視する義務を負っていたと言うべきである。
　　そしてDはHからの借入れ・乙社への貸付けにつき「やめた方がよいのではないか。」と述べており，そのリスクを認識していたにもかかわらず，退任したことのみを理由に，取締役会に上程するといったなすべき措置をとっていない。
　ウ よってDはかかる義務に違反したと言える。
(3) この点につき，少なくともDに過失が認められるうえ，かかる任務懈怠「によって」Eが後述の任務懈怠行為を行うことを防げなかった結果，貸付金2億円及び年10％の利息が回収できなくなったという「損害」が生じている。
(4) 以上より，CはDに対して，株主代表訴訟において423条1項に基づく責任を追及することができる。

3 Eについて
(1)ア まず前述の通りEは甲社の「取締役」として適法に選任されていないから，同項を直接適用することは出来ない。
　　しかし，Eは「副社長」という肩書が与えられ，甲社を代表して金融機関と交渉するなど，甲社において重要な役割を果たしている。そのためEは事実上の取締役にあたるとして，同項を類推適用しうると考える。
　イ そしてEは，「多額の借財」にあたり取締役会決議が必要な本件

借入れ，及び「重要な財産の処分」にあたり取締役会決議が必要な本件貸付けを，取締役会決議なくして行うという362条4項に反する行為を行っている。よってEは「任務を怠った」と言える。
　ウ　この点につき，少なくともEに過失が認められる。
　エ　そしてかかる任務懈怠「によって」貸付金2億円及び年10％の利息が回収できなくなったという「損害」が生じている。
　オ　以上より，CはEに対して，株主代表訴訟において423条1項に基づく責任を追及することができる。
(2)　さらにCは株主代表訴訟において，Fを相続したEに対して，甲社に対する本件土地の所有権移転登記義務の履行を請求することができるか。かかる義務が847条1項本文の「責任」に含まれるか問題となる。
　ア　847条の趣旨は，取締役間の馴れ合いにより会社から取締役への責任追及を怠ることを防止する点にある。そしてこれは取締役の地位に基づく義務のみではなく，会社と取締役間の通常の取引によって生じた義務についても同様に妥当する。そこで，会社と取締役間の通常の取引によって生じた義務についても同項の「責任」に含まれると考える。
　イ　本問Eは，Fから甲社に対する本件土地の所有権移転登記義務を相続しているところ，これも，会社と取締役間の通常の取引によって生じた義務として「責任」に含まれる。
　ウ　よって，CはEに対して，株主代表訴訟において甲社に対する本件土地の所有権移転登記義務の履行を請求することができる。

　　　　　　　　　　　　　　　　　　　　　　　　　　　以上

第2章 平成27年

〔第2問〕（配点：100〔設問1〕から〔設問3〕までの配点の割合は，4：4：2〕）
　次の文章を読んで，後記の〔設問1〕から〔設問3〕までに答えなさい。

1．甲株式会社（以下「甲社」という。）は，A，B及びS株式会社（以下「S社」という。）の出資により平成19年に設立された取締役会設置会社である。甲社では，設立以来，Aが代表取締役を，B及びCが取締役をそれぞれ務めている。
　甲社の発行済株式の総数は8万株であり，Aが4万株を，Bが1万株を，S社が3万株をそれぞれ有している。甲社は，種類株式発行会社ではなく，その定款には，譲渡による甲社株式の取得について甲社の取締役会の承認を要する旨の定めがある。
2．甲社は，乳製品及び洋菓子の製造販売業を営んでおり，その組織は，乳製品事業部門と洋菓子事業部門とに分かれている。
　乳製品事業部門については，Aが業務の執行を担当しており，甲社の工場で製造した乳製品を首都圏のコンビニエンスストアに販売している。
　また，洋菓子事業部門については，Bが業務の執行を担当しており，甲社の別の工場（以下「洋菓子工場」という。）で製造した洋菓子を首都圏のデパートに販売している。甲社は，世界的に著名なP社ブランドの日本における商標権をP社から取得し，その商標（以下「P商標」という。）を付したチョコレートが甲社の洋菓子事業部門の主力商品となっている。
3．S社は，洋菓子の原材料の輸入販売業を営んでおり，S社にとって重要な取引先は，甲社である。
4．平成22年1月，甲社は，関西地方への進出を企図して，マーケティング調査会社に市場調査を委託し，委託料として500万円を支払った。
5．Bは，関西地方において洋菓子の製造販売業を営む乙株式会社（以下「乙社」という。）の監査役を長年務めていた。Bの友人Dが乙社の発行済株式の全部を有し，その代表取締役を務めている。
　平成22年3月，Bは，Dから乙社株式の取得を打診され，代金9000万円を支払って乙社の発行済株式の90％を取得した。Bは，この乙社株式の取得に際して，A及びCに対し，「乙社の発行済株式の90％を取得するので，今後

は乙社の事業にも携わる。」と述べたが，A及びCは，特段の異議を述べなかった。Bは，この乙社株式の取得と同時に，乙社の監査役を辞任して，その顧問に就任し，その後，連日，乙社の洋菓子事業の陣頭指揮を執った。また，Bは，同年4月以後，月100万円の顧問料の支払を受けている。

平成22年4月，乙社は，業界に知人の多いBの紹介により，チョコレートで著名なQ社ブランドの商標（以下「Q商標」という。）を日本において独占的に使用する権利の設定を受けた。

6．平成22年5月，Bは，甲社におけるノウハウを活用するため，洋菓子工場の工場長を務めるEを甲社から引き抜き，乙社に転職させた。Eの突然の退職により，甲社の洋菓子工場は操業停止を余儀なくされ，3日間受注ができず，甲社は，その間，1日当たり100万円相当の売上げを失った。

7．その後，乙社は，関西地方のデパートへの販路拡大に成功し，平成21事業年度（平成21年4月から平成22年3月まで）に200万円であった乙社の営業利益は，翌事業年度には1000万円に達した。

8．平成23年4月，甲社は，乙社が関西地方においてQ商標を付したチョコレートの販路拡大に成功したことを知り，関西地方への進出を断念した。

〔設問1〕　上記1から8までを前提として，Bの甲社に対する会社法上の損害賠償責任について，論じなさい。

9．平成23年7月，Bは，甲社の取締役を辞任した。Bに代わり，Fが甲社の取締役に就任し，洋菓子事業部門の業務の執行を担当するようになったが，Bの退任による影響は大きく，同部門の売上げは低迷した。

10．平成24年5月，甲社は，洋菓子事業部門の売却に向けた検討を始め，丙株式会社（以下「丙社」という。）との交渉の結果，同部門を代金2億5000万円で丙社に売却することとなった。その際，甲社の洋菓子事業部門の従業員については，一旦甲社との間の雇用関係を終了させた上で，その全員につき新たに丙社が雇用し，甲社の取引先については，一旦甲社との間の債権債務関係を清算した上で，その全部につき新たに丙社との間で取引を開始することとされた。その当時，甲社が依頼した専門家の評価によれば，甲社の洋菓子事業部門の時価は，3億円であった。

11．上記の洋菓子事業部門の売却については，その代金額が時価評価額より安価である上，株主であるS社が得意先を失うことになりかねず，S社の反対が予想された。

平成24年7月2日，Aは，洋菓子事業部門の売却をS社に知らせないまま，

甲社の取締役会を開催して，取締役の全員一致により，洋菓子工場に係る土地及び建物を丙社に代金1億5000万円で売却することを決議した上で，丙社と不動産売買契約を締結し，丙社は，甲社に対し，直ちに代金を支払った（以下「第1取引」という。）。

また，その10日後の平成24年7月12日，Aは，甲社の取締役会を開催して，取締役の全員一致により，P商標に係る商標権を丙社に代金1億円で売却することを決議した上で，丙社と商標権売買契約を締結し，丙社は，甲社に対し，直ちに代金を支払った（以下「第2取引」という。）。

第1取引及び第2取引に係る売買契約においては，甲社が洋菓子事業を将来再開する可能性を考慮して，甲社の競業が禁止されない旨の特約が明記された。

なお，甲社の平成24年3月31日時点の貸借対照表の概要は，資料①のとおりであり，その後，同年7月においても財務状況に大きな変動はなかった。また，同月2日時点の洋菓子事業部門の資産及び負債の状況は，資料②のとおりであり，資産として，洋菓子工場に係る土地及び建物（帳簿価額は1億5000万円）並びにP商標（帳簿価額は1億円）があるが，負債はなかった。

12. 平成24年7月下旬，第1取引及び第2取引に基づき，洋菓子工場に係る不動産の所有権移転登記及びP商標に係る商標権移転登録がされた。
13. 平成24年8月，甲社が第1取引及び第2取引をしたことを伝え聞いたS社は，Aに対し，甲社において株主総会の決議を経なかったことにつき強く抗議し，翻意を促した。

〔設問2〕　第1取引及び第2取引の効力に関する会社法上の問題点について，論じなさい。

14. 平成25年6月，甲社は，将来の株式上場を目指して，コンビニエンスストア市場に精通した経営コンサルタントであるGとアドバイザリー契約を締結した。その際，甲社は，このアドバイザリー契約に基づく報酬とは別に，甲社株式が上場した場合の成功報酬とする趣旨で，Gに対し，新株予約権を発行することとした。
15. 上記の新株予約権（以下「本件新株予約権」という。）については，①Gに対して払込みをさせないで募集新株予約権1000個を割り当てること，②募集新株予約権1個当たりの目的である株式の数を1株とすること，③各募集新株予約権の行使に際して出資される財産の価額を5000円とすること，④募集新株予約権の行使期間を平成25年7月2日から2年間とすること，⑤募集新

株予約権のその他の行使条件は甲社の取締役会に一任すること，⑥募集新株予約権の割当日を同月1日とすること等が定められた。

平成25年6月27日，甲社の株主総会において，Gに特に有利な条件で本件新株予約権を発行することを必要とする理由が説明されたところ，Bは，募集新株予約権のその他の行使条件を取締役会に一任することはできないのではないかと主張し，これに反対したが，A及びS社の賛成により，上記の内容を含む募集事項が決定された。これを受けて，甲社の取締役会が開催され，取締役の全員一致により，「甲社株式が国内の金融商品取引所に上場された後6か月が経過するまでは，本件新株予約権を行使することができない。」とする行使条件（以下「上場条件」という。）が定められた。

平成25年7月1日，甲社は，Gとの間で新株予約権割当契約を締結し，Gに対し，本件新株予約権1000個を発行した。

16. その後，Gは，上記のアドバイザリー契約に基づき，甲社に様々な施策を提言し，Gのアドバイスにより製造した低カロリーのヨーグルトが好評を博するなど，甲社の業績は向上したが，本件新株予約権の行使期間内に上場条件を満たすには至らない見込みとなった。

平成26年12月上旬，Aは，Gから，「上場すると思っていたのに，これでは割に合わない。せめて株式を取得したいので，上場条件を廃止してほしい。」との強い要請を受けた。Aは，取締役会で上場条件を廃止することができるのか疑問を持ったが，Gの態度に押され，同月11日，C及びFを呼んで甲社の取締役会を開催し，取締役の全員一致により上場条件を廃止する旨の決議をした。同日，甲社は，Gとの間で，上場条件を廃止する旨の新株予約権割当契約の変更契約を締結した。

平成26年12月12日，Gは，行使価額である500万円の払込みをして本件新株予約権を行使し，Gに対し，甲社株式1000株が発行された。

〔設問3〕 上記16で発行された甲社株式の効力に関する会社法上の問題点について，論じなさい。

貸借対照表の概要
(平成24年3月31日現在)

(単位：円)

科目	金額	科目	金額
(資産の部)		(負債の部)	
流動資産		(略)	(略)
(略)	(略)	負債合計	200,000,000
		(純資産の部)	
固定資産		株主資本	500,000,000
有形固定資産	(略)	資本金	400,000,000
建物	100,000,000	資本剰余金	100,000,000
土地	400,000,000	資本準備金	100,000,000
(略)	(略)	その他資本剰余金	－
無形固定資産	(略)	利益剰余金	－
商標権	100,000,000	利益準備金	－
(略)	(略)	その他利益剰余金	－
		純資産合計	500,000,000
資産合計	700,000,000	負債・純資産合計	700,000,000

(注)　「－」は，金額が0円であることを示す。

【資料②】

洋菓子事業部門の資産及び負債の状況
(平成24年7月2日現在)

(単位：円)

資産		負債	
項目	帳簿価額	項目	帳簿価額
建物	50,000,000		
土地	100,000,000		
商標権	100,000,000		
資産合計	250,000,000	負債合計	－

(注)　「－」は，金額が0円であることを示す。

第2部　実践編

第1　配点と設問の大枠を見る

まず配点はどうなっているでしょうか。

> 〔第2問〕（配点：100〔設問1〕から〔設問3〕までの配点の割合は，4：4：2〕）
> 次の文章を読んで，後記の〔設問1〕から〔設問3〕までに答えなさい。

配点が大きい問題が前半に寄っていますね。**前半の問題に時間を割くのがよさそう**です。

設問はどうなっているでしょうか。

> 〔設問1〕　上記1から8までを前提として，Bの甲社に対する会社法上の損害賠償責任について，論じなさい。

任務懈怠の問題のようですね。先ほど見たように，配点が大きいですからこの問題は**時間をかけてしっかり取り組もう**という方針を決めると良いでしょう。

> 〔設問2〕　第1取引及び第2取引の効力に関する会社法上の問題点について，論じなさい。

取引の効力を聞かれているわけですから，最終的には有効・無効という結論になりそうです。典型論点（〜を欠く取引の効力の論点など）がいくつか頭の中に浮かびます。

> 〔設問3〕　上記16で発行された甲社株式の効力に関する会社法上の問題点について，論じなさい。

株式の効力を聞かれています。配点が小さいことからあまり気にせず先に進みましょう。

ここまで1分程度です。

第2　問題文を読む，答案構成をする

1　設問1

それでは設問1にたどりつくまでの問題文を読んでいきましょう。

Bの**任務懈怠に関する問題**でしたね。それを念頭に問題を読んでいきましょう。

1．甲株式会社（以下「甲社」という。）は，A，B及びS株式会社（以下「S社」という。）の出資により平成19年に設立された取締役会設置会社である。甲社では，設立以来，Aが代表取締役を，B及びCが取締役をそれぞれ務めている①。

　甲社の発行済株式の総数は8万株であり，Aが4万株を，Bが1万株を，S社が3万株をそれぞれ有している。甲社は，種類株式発行会社ではなく，その定款には，譲渡による甲社株式の取得について甲社の取締役会の承認を要する旨の定めがある。

2．甲社は，乳製品及び洋菓子の製造販売業を営んでおり，その組織は，乳製品事業部門と洋菓子事業部門とに分かれている②。

　乳製品事業部門については，Aが業務の執行を担当しており，甲社の工場で製造した乳製品を首都圏のコンビニエンスストアに販売している。

　また，洋菓子事業部門については，Bが業務の執行を担当しており，甲社の別の工場（以下「洋菓子工場」という。）で製造した洋菓子を首都圏のデパートに販売している。甲社は，世界的に著名なP社ブランドの日本における商標権をP社から取得し，その商標（以下「P商標」という。）を付したチョコレートが甲社の洋菓子事業部門の主力商品となっている②。

3．S社は，洋菓子の原材料の輸入販売業を営んでおり，S社にとって重要な取引先は，甲社である。

4．平成22年1月，甲社は，関西地方への進出を企図して，マーケティング調査会社に市場調査を委託し，委託料として500万円を支払った③。

5．Bは，関西地方において洋菓子の製造販売業を営む乙株式会社（以下「乙社④」という。）の監査役を長年務めていた。Bの友人Dが乙社の発行済株式の全部を有し，その代表取締役を務めている。

　平成22年3月，Bは，Dから乙社株式の取得を打診され，

①Bは甲社の「役員等」にあたる。

②甲社の事業を把握する。

③損害額に関係しそう。

④乙社も甲社と同じ事業を営んでいる。

⑤利益衝突関係にありそう。

代金9000万円を支払って乙社の発行済株式の90％を取得した。Bは，この乙社株式の取得に際して，A及びCに対し，「乙社の発行済株式の90％を取得するので，今後は乙社の事業にも携わる。」と述べたが，A及びCは，特段の異議を述べなかった。Bは，この乙社株式の取得と同時に，乙社の監査役を辞任して，その顧問に就任し，その後，連日，乙社の洋菓子事業の陣頭指揮を執った。また，Bは，同年4月以後，月100万円の顧問料の支払を受けている⑤。

　平成22年4月，乙社は，業界に知人の多いBの紹介により，チョコレートで著名なQ社ブランドの商標（以下「Q商標」という。）を日本において独占的に使用する権利の設定を受けた。

6．平成22年5月，Bは，甲社におけるノウハウを活用するため，洋菓子工場の工場長を務めるEを甲社から引き抜き，乙社に転職させた。Eの突然の退職により，甲社の洋菓子工場は操業停止を余儀なくされ，3日間受注ができず，甲社は，その間，1日当たり100万円相当の売上げを失った⑥。

7．その後，乙社は，関西地方のデパートへの販路拡大に成功し，平成21事業年度（平成21年4月から平成22年3月まで）に200万円であった乙社の営業利益は，翌事業年度には1000万円に達した。

8．平成23年4月，甲社は，乙社が関西地方においてQ商標を付したチョコレートの販路拡大に成功したことを知り，関西地方への進出を断念した。

⑥これも問題がありそうな行為である。

(1) 根拠条文

問われているのはBの会社法上の責任です。

利益衝突行為が問題になっていそうですね。そして**356条1項**のうちでも，**1号の競業取引が問題となりそう**です。なぜなら，甲社と乙社は共に洋菓子の製造販売業を営んでいるところ，Bは甲社の取締役であると同時に乙社の大株主として事業の陣頭指揮を執っているからです。

問題となる条文が分かったところで順番に考えていきましょう。

甲社の取締役Bの責任が問われていますね。そして損害を負っているのは甲社ですから，Bの甲社に対する責任，すなわち**423条1項の問題**となりそうです。そしてBは甲社の取締役ですから，「役員等」という要件は満たしていそうです。

(2) 任務懈怠の認定

さて大きな問題となるのは任務懈怠の有無です。本問では問題となりそうなBの行為が2つあります。それは，Bがア **甲社と競業関係にある乙社の顧問に就任し事業の陣頭指揮を執っていること**，イ **甲社のノウハウを活用するため，甲社の洋菓子工場の工場長を務めるEを乙社に引き抜いたこと**です。それぞれについて任務懈怠にあたるか検討してみましょう。

ア Bが甲社と競業関係にある乙社の顧問に就任し事業の陣頭指揮を執っていることについて[27]

こちらは356条1項1号の問題ですね。まず前捌きをしましょう。

356条1項1号にいう競業取引にあたれば，甲社は取締役会設置会社ですから，365条1項・356条1項柱書より，**重要な事実を開示し取締役会の承認を受けることが必要**となります。仮にこれを欠けば同条に違反するという法令違反行為がありますから，任務懈怠を肯定できます。

この思考過程を図にすると，以下のようになります。

---

[27] この論点につき，詳しくはリークエ223頁，田中237頁。

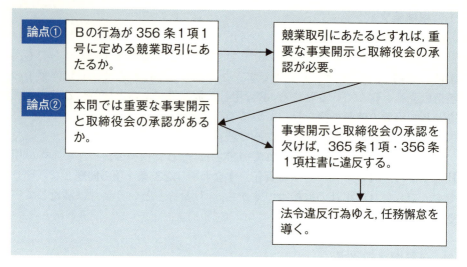

(7) 競業取引（356条1項1号）該当性

論点①から検討していきましょう。これは最頻出論点の1つであり、必ず得点しなければいけない部分です。具体的には2つの論点に分かれますね。すなわち、(a)「自己又は第三者のために」の意義、そして(b)「株式会社の事業の部類に属する取引」の意義です。

(a)については計算説、(b)については会社が実際に事業において行っている取引と、目的物と市場（地域・流通段階等）が競合する取引をいい、会社が現に行っていなくとも進出のための準備を進めている事業も含まれる（東京地判昭56.3.26 百選55事件）とする受験生が多いでしょう。

これを踏まえると、本問Bは乙社の90％の株式を保有する大株主であり、剰余金分配などを通じて乙社の利益をそのまま享受しうる地位にあるうえ、月100万円の顧問料を受けていることから、Bは競業取引において経済的利益を得ていると言えるでしょう。

よって、Bは自己の計算において取引を行ったとして「自己……のために」取引を行ったと評価できます。(a)

次に、甲社と乙社が共に洋菓子の製造販売事業を営み、それぞれPとQという世界的に著名な商標を付してチョコレートを販売していること、甲社が関西地方に進出するために市場調査を開始したことから、両社は関西地方において事業が競合する可能性があると言えます。

よって、Bは「株式会社の事業の部類に属する取引」を行ったと評価できます。(b)

これらの検討から，Bは356条1項1号に定める競業取引を行ったと言えるでしょう。ここは多くの受験生が確実に得点できる部分なので，事実に一言評価を付すことで他の受験生に書き負けないようにしましょう。

(イ) 取締役会における承認決議（356条1項柱書）の有無

上記の検討の結果，Bは甲社において重要な事実を開示し取締役会の承認を得ていない限り任務懈怠の責を負うことになります。

もっとも，本問ではBが「乙社の発行済株式の90％を取得するので，今後は乙社の事業にも携わる。」と述べた際，A及びCは特段の異議を述べていません。これをもって重要な事実を開示し取締役会の承認を得たと言えるのでしょうか。

ここは現場思考問題ですが，365条1項・356条1項柱書の趣旨から考えれば，対応が不可能な問題ではないでしょう。すなわち，365条1項・356条1項柱書の趣旨は，利益衝突行為が会社に不利益をもたらすおそれが高いことから，重要な事実開示と取締役会の承認を要求し会社に損害が生じるか否かを他の取締役に審査させる点にあります。

本問では具体的な事実があまりないため，確実な判断は難しいですが，上記の趣旨を満たしていると言うのは難しいのではないでしょうか。なぜなら，Bは乙社株式の取得に関する重要な事実を開示したとは言えませんし，そのような状況下で他の取締役が資料に基づく適切な審査がなしえたとは考えられず，上記の趣旨に反するとも評価しうるためです。

よって本問では，Bは甲社において重要な事実を開示し取締役会の承認を得ていないため任務懈怠の責を負う，とするのが1つの筋でしょう。

(ウ) 帰責性・損害・因果関係

上記の任務懈怠につき，Bに過失があることは争いがないでしょう。

そして損害額については423条2項に規定があり，競業取引によって取締役Bが得た利益が損害額と推定されます。

Bが得た利益は顧問料の毎月100万円と乙社の増加した利益分です。Bの利益となる乙社の増加利益をいくらと考えるかは難しい論点なので，ここでは単純に1000万円−200万円＝800万円としてしまうことも，試験現場ではやむを得ないでしょう。

さらに甲社が市場調査のために支払った500万円については，甲社の損害額に含めて考えることも可能ですし，Bが競業取引を行う前に支払われたのであ

るからBの任務懈怠との間に因果関係がないとしてBに帰責できないと考えることも可能でしょう。

イ 甲社のノウハウを活用するため，甲社の洋菓子工場の工場長を務めるEを乙社に引き抜いたことについて[28]

(ア) 役員等
Bが甲社の「役員等」にあたることは前述の通りです。

(イ) 任務懈怠の有無
この行為に関する論点を知っていた受験生もいるかと思いますが，仮に知らなかったとしたらどのように考えたら良いでしょうか。

Bのかかる行為は，いかなる条文との関係で任務懈怠にあたりうると考えれば良いのかという点から検討しましょう。

優秀な人材育成には時間がかかるうえ，資本投下が必要であるにもかかわらず，その人材が引き抜かれて競業他社に移ってしまったら，会社にとっては大損です。そのような損害を生じさせる行為を，会社に対して忠実義務を負っている（355条）取締役が自分の設立した会社のために行うことは許されないはずです。この感覚を，答案上に法的三段論法を用いて表現すれば良いのです。おそらくこの感覚は多くの方が持たれるとは思いますが，答案に表現したときに差がつくのは，法的三段論法を用いているかどうかなのです。

良くない答案は，従業員を引き抜く行為に関する事実を拾って，忠実義務違反だと直ちに言ってしまうものです。これでは規範定立の部分が不十分で，高い評価は得られないと考えられます。必ず，規範を立ててあてはめをすることで，法的三段論法を意識していることを示しましょう。

---

[28] この論点について，詳細はリークエ225頁，田中270頁。

良くない答案

BがEを甲社から引き抜いた行為は，甲社の取締役であるBの忠実義務に違反する行為であるから，Bに任務懈怠が認められる。

法的三段論法を意識した答案

取締役は会社に対して忠実義務（355条）を負っているところ，会社が時間と資本をかけて育成した人材を引き抜く行為は，会社に大きな損害をもたらす一方で取締役が利益を得ることになり忠実義務に違反する行為であると言える。そこで，会社が時間と資本をかけて育成した人物を，取締役が自らの利益のために引き抜く行為は取締役の忠実義務に違反する行為として，取締役の任務懈怠を構成すると考える。

本問について見ると，Eは甲社の工場の工場長という重要な地位にある者であり甲社が時間と資本をかけて育成した者であると考えられる。また，Eの引抜きにより甲社には 100 万円×3日＝300 万円という多大な損害が生じている。一方でBは，90％もの株式を有する乙社の利益が拡大するという利益を得ている。

よってBの上記行為は甲社が時間と資本をかけて育成したEを，取締役Bが自らの利益のために引き抜く行為にあたり忠実義務に違反するので，Bには任務懈怠が認められる。

あてはめについては上の答案で示したように書くのが1つの筋でしょう。**分からない問題に出会ったときは，趣旨から規範を導き，あてはめでは一言評価を付すという姿勢**を忘れないようにしましょう。

(ウ) 帰責性・損害・因果関係

帰責性があることに争いはないでしょう。

損害額も答案で示したように，300 万円と考えれば良いでしょう。任務懈怠と損害との間の因果関係も問題なさそうです。

2 設問2

それでは次に設問2にたどりつくまでの問題文を読んでいきましょう。

9．平成23年7月，Bは，甲社の取締役を辞任した。Bに代わり，Fが甲社の取締役に就任し，洋菓子事業部門の業務の執行を担当するようになったが，Bの退任による影響は大きく，同部門の売上げは低迷した。

10．平成24年5月，甲社は，洋菓子事業部門の売却に向けた検討を始め，丙株式会社（以下「丙社」という。）との交渉の結果，同部門を代金2億5000万円で丙社に売却することとなった①。その際，甲社の洋菓子事業部門の従業員については，一旦甲社との間の雇用関係を終了させた上で，その全員につき新たに丙社が雇用し，甲社の取引先については，一旦甲社との間の債権債務関係を清算した上で，その全部につき新たに丙社との間で取引を開始することとされた。その当時，甲社が依頼した専門家の評価によれば，甲社の洋菓子事業部門の時価は，3億円であった①。

11．上記の洋菓子事業部門の売却については，その代金額が時価評価額より安価である上，株主であるS社が得意先を失うことになりかねず，S社の反対が予想された。

平成24年7月2日，Aは，洋菓子事業部門の売却をS社に知らせないまま，甲社の取締役会を開催して，取締役の全員一致により，洋菓子工場に係る土地及び建物を丙社に代金1億5000万円で売却することを決議した上で，丙社と不動産売買契約を締結し，丙社は，甲社に対し，直ちに代金を支払った（以下「第1取引」という。）②。

また，その10日後の平成24年7月12日，Aは，甲社の取締役会を開催して，取締役の全員一致により，P商標に係る商標権を丙社に代金1億円で売却することを決議した上で，丙社と商標権売買契約を締結し，丙社は，甲社に対し，直ちに代金を支払った（以下「第2取引」という。）②。

第1取引及び第2取引に係る売買契約においては，甲社が洋菓子事業を将来再開する可能性を考慮して，甲社の競業が禁止されない旨の特約が明記された③。

なお，甲社の平成24年3月31日時点の貸借対照表の概要は，資料①のとおりであり，その後，同年7月においても財務状況に大きな変動はなかった。また，同月2日時点の洋菓子事業部

①事業譲渡の問題。その額に着目する。

②なぜか一括ではなく，2回に分けて事業を売却している。実質的には1つの事業譲渡ではないか。

③競業避止特約がない。

門の資産及び負債の状況は，資料②のとおりであり，資産として，洋菓子工場に係る土地及び建物（帳簿価額は1億5000万円）並びにP商標（帳簿価額は1億円）があるが，負債はなかった。
12. 平成24年7月下旬，第1取引及び第2取引に基づき，洋菓子工場に係る不動産の所有権移転登記及びP商標に係る商標権移転登録がされた。
13. 平成24年8月，甲社が第1取引及び第2取引をしたことを伝え聞いたS社は，Aに対し，甲社において株主総会の決議を経なかったことにつき強く抗議し，翻意を促した。

　問われているのは，第1取引と第2取引の効力です。そして本問では事業譲渡が行われているところ，これが**467条1項に定める事業譲渡にあたれば株主総会特別決議が要求される**（467条1項柱書・309条2項11号）ことになります。仮に**特別決議がなければ，株主総会決議を欠く事業譲渡の効力が問題**となります。

　以上の前捌きを図示すると以下のようになります。

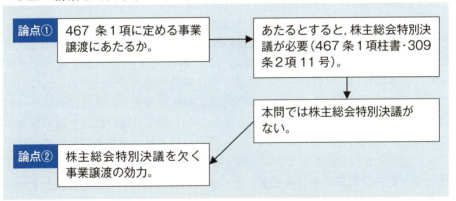

(1) 事業譲渡該当性[29]

それでは，第1取引と第2取引が事業譲渡にあたるか検討しましょう（論点①）。

ア　第1取引と第2取引の一体性

まず最初に検討すべきなのは，両取引を一体的なものとして見るか，個別的なものとして見るかということです。

なぜなら，個別的なものとして見ると，そもそも467条1項に定める事業譲渡にあたらないことになりうるためです。つまり，本問で問題となる同項2号は，そのかっこ書で会社の総資産額（具体的内容は会社法施行規則134条1項）の5分の1を下回る場合は同号の事業譲渡にあたらないとしているところ，資料①を見ると甲社の総資産額は7億円であるのに対し，第2取引のP商標権の譲渡価格は1億円であり，甲社の総資産の5分の1を下回るためです。

この論点は完全な現場思考問題ですが，問題となる条文（467条1項2号）をしっかり読めば気付くことは出来たはずです。ここで使わないと資料①が付されている意味がなくなってしまいます。

まず同号の趣旨は，事業譲渡を不当に分断することで，株主総会特別決議を要求し株主の意思を尊重しようとした法の趣旨の潜脱を防止する点にあると考えられます。そこで，実質的に複数の取引が一体であれば，複数の取引も1個の取引と見て事業譲渡該当性を判断するべきである，といった規範を定立します。

そして本問では，取引に先立ち洋菓子事業部門の売却が決定され，両取引のための取締役会決議はわずか10日の間になされています。さらに従業員と取引先は丙社に承継されています。そもそもこのような形式的には2個の取引がなされたのは，甲社の株式の37.5%（8万株中3万株）を有するS社の反対により，特別決議が可決されない可能性が高かったためです。そうだとすれば甲社は株主総会特別決議を経る必要がないよう，本来1つの取引を便宜上2つの取引に分断したと評価できます。

そこで第1取引と第2取引は実質的には一体的なものであるとして事業譲渡該当性を判断することにしましょう。

---

[29] この論点につき，詳しくはリークエ433頁，田中658頁。

イ 「事業の重要な一部の譲渡」

では第1取引と第2取引を一体としたもの（以下「本件取引」とする。）は467条1項2号の「事業の重要な一部の譲渡」にあたるのでしょうか。

(ｱ) 「事業……の譲渡」該当性

事業譲渡の定義は覚えていなければなりません。すなわち，事業譲渡とは，「一定の営業目的のため組織化され，有機的一体として機能する財産……の全部または重要な一部を譲渡し，これによって，譲渡会社がその財産によって営んでいた営業的活動の全部または重要な一部を譲受人に受け継がせ，譲渡会社がその譲渡の限度に応じ法律上当然に……競業避止業務を負う結果を伴うものをいう」とするのが判例（最大判昭40.9.22　百選85事件）です。

本問について見ると，土地・建物・P商標は洋菓子事業という事業目的のために組織化され，有機的一体として機能する財産と言えます。また従業員と取引先は丙社に承継されていることからも，従業員や取引先という財産も同事業のために組織化され，有機的一体として機能する財産と言えそうです。そしてかかる事業を丙社は承継して行っていると言えそうです。

問題は，「譲渡会社がその譲渡の限度に応じ法律上当然に……競業避止業務を負う結果を伴う」と言えない点です。なぜなら本問では，「第1取引及び第2取引に係る売買契約においては，甲社が洋菓子事業を将来再開する可能性を考慮して，甲社の競業が禁止されない旨の特約が明記された。」とあるからです。

この点を捉えて，そもそも事業譲渡にあたらず，株主総会特別決議は不要であり本件取引は有効である，とした受験生もいるかと思われます。しかしそのような答案は高い評価を得ることが出来なかったと思われます。

実はこの問題意識については過去（平成18年）に出題されているんです。そこでは競業避止義務を負う結果を伴わなくても事業譲渡にあたりうるのではないかという問題意識が表れています。なぜなら，事業譲渡の要件として競業避止義務を負う結果を伴うという要件を課すと，競業避止義務を課さないという特約を付すことで事業譲渡にあたらず株主総会特別決議が不要になってしまい，株主の意思を尊重しようとした467条1項の趣旨に反してしまうからです。

そこで事業譲渡の要件としては，競業避止義務を負う結果を伴うことは不要である，と考えることができます。

その結果，本件取引は「事業……の譲渡」にあたると考えることになります。

(1) 「重要な一部の譲渡」該当性

467条1項の趣旨は株主保護にあることから,「重要な一部の譲渡」にあたるか否かは,株主保護が必要な程度に会社に重大な影響を与える取引か否かによって決するべきと考えることができます。

本問では,本件取引の対象である洋菓子事業部門の時価は3億円とされています。甲社の総資産価額が7億円であること,洋菓子部門が甲社の2つの主要事業のうちの1つであることにかんがみると,洋菓子部門の事業譲渡は甲社に多大な影響を与えると評価できそうです(最判平6.1.20(百選63事件)は1.6％の資産の処分も「重要な財産」の処分にあたるとしています。)。

そうすると,本件取引の対象である洋菓子事業部門は事業の「重要な一部」にあたります。

以上より本件取引は「事業の重要な一部の譲渡」にあたります。

(2) 株主総会特別決議を欠く事業譲渡の効力[30]

では株主総会特別決議を欠く事業譲渡の効力はどうなるのでしょうか。これについては,判例があります。最判昭61.9.11(百選6事件)です。

> ■最判昭61.9.11(百選6事件)
> 【判旨】
> 営業譲渡契約は,譲渡をした被上告会社が……株主総会の特別決議によつてこれを承認する手続を経由しているのでなければ,無効であり,しかも,その無効は,……広く株主・債権者等の会社の利害関係人の保護を目的とするものであるから,本件営業譲渡契約は何人との関係においても常に無効であると解すべきである。

したがって本問でも,株主総会特別決議を欠く事業譲渡(本件取引)は無効であり,よって第1取引と第2取引は無効であるということになります。

これは頻出論点ですから,得点しなければいけないところです。

---

[30] この論点につき,詳しくはリークエ435頁,田中660頁。

3 設問3

最後に設問3にたどりつくまでの問題文を読んでいきましょう。

14. 平成25年6月，甲社は，将来の株式上場を目指して，コンビニエンスストア市場に精通した経営コンサルタントであるGとアドバイザリー契約を締結した。その際，甲社は，このアドバイザリー契約に基づく報酬とは別に，甲社株式が上場した場合の成功報酬とする趣旨で，Gに対し，新株予約権を発行することとした。

①新株予約権に関する問題。

15. 上記の新株予約権（以下「本件新株予約権①」という。）については，①Gに対して払込みをさせないで募集新株予約権1000個を割り当てること，②募集新株予約権1個当たりの目的である株式の数を1株とすること，③各募集新株予約権の行使に際して出資される財産の価額を5000円とすること，④募集新株予約権の行使期間を平成25年7月2日から2年間とすること，⑤募集新株予約権のその他の行使条件は甲社の取締役会に一任する②こと，⑥募集新株予約権の割当日を同月1日とすること等が定められた。

②問題意識①。

平成25年6月27日，甲社の株主総会において，Gに特に有利な条件で本件新株予約権を発行することを必要とする理由が説明されたところ，Bは，募集新株予約権のその他の行使条件を取締役会に一任することはできないのではないかと主張②し，これに反対したが，A及びS社の賛成により，上記の内容を含む募集事項が決定された。これを受けて，甲社の取締役会が開催され，取締役の全員一致により，「甲社株式が国内の金融商品取引所に上場された後6か月が経過するまでは，本件新株予約権を行使することができない。」とする行使条件（以下「上場条件」という。）が定められた②。

平成25年7月1日，甲社は，Gとの間で新株予約権割当契約を締結し，Gに対し，本件新株予約権1000個を発行した。

16. その後，Gは，上記のアドバイザリー契約に基づき，甲社に様々な施策を提言し，Gのアドバイスにより製造した低カロリーのヨーグルトが好評を博するなど，甲社の業績は向上したが，本件新株予約権の行使期間内に上場条件を満たすには至らない見込み③となった。

③問題意識②。

平成26年12月上旬，Aは，Gから，「上場すると思っていたのに，これでは割に合わない。せめて株式を取得したいので，

105

> 上場条件を廃止してほしい。」との強い要請を受けた。Aは，取締役会で上場条件を廃止することができるのか疑問を持ったが，Gの態度に押され，同月11日，C及びFを呼んで甲社の取締役会を開催し，取締役の全員一致により上場条件を廃止する旨の決議をした[3]。同日，甲社は，Gとの間で，上場条件を廃止する旨の新株予約権割当契約の変更契約を締結した。
> 　平成26年12月12日，Gは，行使価額である500万円の払込みをして本件新株予約権を行使し，Gに対し，甲社株式1000株が発行された。

(1) 方針

　本問で問われていたのは，上記16で発行された甲社株式の効力に関する会社法上の問題点でした。

　おそらく本年の問題で最も難しく，何を書いて良いか分からないという受験生も多かったと思われます。

　配点も小さく勉強している受験生が少ない問題ですから，**最小限の時間と労力で少しでも点数を取れれば十分**と言えるでしょう。このような問題に時間をかけて他の問題にかける時間が少なくなってしまうことには気をつけましょう。本年は最後の問題でしたが，配点が小さい一方で知らない問題が出た場合，**これに時間をかけすぎないよう特に注意すべき**です。

　さて，本問で何か書けるとしたら，問題文中にあるヒントを使うしかありません。すなわち，（問題意識①）Bの「募集新株予約権のその他の行使条件を取締役会に一任することはできないのではないか」という主張，（問題意識②）Aが「取締役会で上場条件を廃止することができるのか疑問を持った」という点でしょう。

(2) 問題意識①に関して

　現場思考問題ですから，まず条文を探しましょう。新株予約権に関するものは236条以下にあります。特に問題となっている新株予約権の発行に関するものは238条以下にありそうです。

　238条2項によると，新株予約権の募集事項に関する決定は株主総会特別決議（238条2項・309条2項6号）で行うことが必要です。しかし**239条1項**によれば株主総会特別決議により募集事項の決定を，取締役会設置会社であれば取締役会に委任することができます。本問ではA及びS社，すなわち87.5%

（8万株中7万株）の賛成により募集事項の決定を取締役会に委任することが決議されていますから，行使条件を取締役会に一任することも許されそうです（真の論点については後述）。

(3) 問題意識②に関して

そうだとしても上場条件の廃止を行うことまで許されるのでしょうか。

238条2項や239条1項はその要件として株主総会特別決議を要求しています。その趣旨は，やはり株主保護にあると言えそうです。そうだとすれば，株主にとって予測していなかった不利益が生じた場合は，一度特別決議があったとしても，取締役会において，委任を理由に自由な決議を行うことは許されないと考えることができそうです。

上場条件は，甲社の業績を一定程度まで向上させることを条件に，Gに対して新株予約権の発行による経済的利益を与えるものです。株主は，自らの利益を実現してくれる内容の行使条件を甲社の取締役会が付すであろうと考えて，行使条件の決定を取締役会に一任しており，その内容こそが本件上場条件であると言うことが可能でしょう。

そうだとすれば，Gによって約束どおりの業績向上が実現されなかったならば，新株予約権発行による経済的利益をGに与えることは許さないというのが株主の意思であると考えられます。

それにもかかわらず，株主の意思が発現した本件上場条件を廃止することは，株主にとって予測していなかった不利益が生じたと言え，一度特別決議があったとしても，取締役会において，委任を理由に自由な決議を行うことは許されないという考え方もできそうです。よって株主総会の委任なく新株予約権の発行がなされているから，本件新株予約権の発行は無効であり，その行使によってGが取得した甲社株式も無効であるという筋も，現場での対応としてはありえるでしょう。

実はこの問題は最判平24.4.24（百選29事件）が素材になっていました。しかしこの判例を知っていた受験生は多くなく，知らなかったとしてもこのように食らいつくことで合格答案を作成することは十分可能であったと思われます。

第3　本年の問題のまとめ

　まず設問1は配点も大きく，競業取引行為といった基本論点が聞かれていたこと，配点が4割と高いことから，ここで高得点を取ることが合格への必要条件だったと考えられます。

　設問2は条文を現場でどれだけ読めたか，過去問をどれだけ研究していたかによって大きく差のつく問題でした。この問題の出来によって不合格答案・合格答案・上位答案まで区別されうると思われます。

　一方，設問3は判例が素材となっているものの，多くの受験生はこれを知らず，合否に直結する問題とは言えないでしょう。条文・趣旨から食らいつくことで，わずかでも得点できれば上位答案を狙えるというタイプの問題だったと思われます。

　したがって設問1と2でどれほど得点できるかが合格へのポイントです。この問題を集中的に復習するようにしてください。

参考答案（現実的な答案）

第1　設問1
1　本件で甲社の取締役たるBは，乙社の顧問に就任し洋菓子事業の陣頭指揮を執っている。
　かかる行為（以下「本件取引行為」とする。）につき，Bは甲社に対し423条1項に基づく損害賠償責任を負わないか。
(1)　まずBは甲社の取締役として「役員等」（同項）にあたる。
(2)　では本件取引行為を行ったことが競業取引行為（356条1項1号）にあたるにもかかわらず，取締役会決議を経ていない（365条1項・356条1項1号）として，Bが「任務を怠った」（423条1項）と言えないか。
　ア　本件取引行為が356条1項1号に定める競業取引にあたるか。まず「自己又は第三者のために」の意義が問題となる。
　　(ｱ)　同号の趣旨は，取締役が会社の事業の機密に通じ強大な権限を有していることから，競業取引を行うにあたって重要な事実の開示と取締役会の承認を要求することで会社の利益を保護することにある。そして取締役が自己又は第三者の計算において競業取引が行われれば，会社に経済的損失が生じることになるから，「自己又は第三者のために」とは自己又は第三者の計算においてという意義に解すべきである。
　　(ｲ)　本問について見ると，Bは乙社の90％の株式を保有する大株主であり，剰余金分配などを通じて乙社の利益をそのまま享受しうる地位にあるうえ，月100万円の顧問料を乙社から受け取っている。そのためBは競業取引を行うことにより乙社の利益を犠牲に経済的利益を得ていると言える。よって，Bは自己の計算において，すなわち自己の「ために」本件取引行為を行っていると言える。
　イ　では本件取引行為は，「株式会社の事業の部類に属する取引」（356条1項1号）にあたるか。
　　(ｱ)　上述の356条1項1号の趣旨にかんがみ，「株式会社の事業の部類に属する取引」とは，会社が実際に行う可能性のある事業と市場において取引が競合し，会社と取締役又は第三者との間に利益衝突をきたす可能性のある取引をいうと考える。
　　(ｲ)　本問について見ると，甲社と乙社は共に洋菓子の製造販売事

業を営み、それぞれPとQという世界的に著名な商標を付してチョコレートを販売するという競合する商品に関する事業を行っている。また、甲社が関西地方に進出するために市場調査を開始したことから、両社は関西地方において事業が競合する可能性がある。よって本件取引行為は、会社が実際に行う可能性のある事業と市場において取引が競合し、会社と取締役との間に利益衝突をきたす可能性のある取引として「株式会社の事業の部類に属する取引」にあたる。

ウ 以上より本件取引行為は356条1項1号に定める競業取引にあたるため、取締役会において重要事実を開示し、その承認を経ることが必要（365条1項・356条1項1号）である。では本問でかかる手続が履践されたと言えるか。

(ｱ) 365条1項・356条1項1号の趣旨は利益衝突行為が会社に不利益をもたらすおそれが高いことから、重要な事実開示と取締役会の承認を要求し会社に損害が生じるか否かを他の取締役に審査させる点にある。そこで、取締役会において会社に不利益が生じるか否かを十分に審査できた場合に限り、法が要求する手続を履践したと評価すべきと考える。

(ｲ) 本問について見ると、Bが乙社株式の取得に関する重要な事実を開示したとする事実はなく、そのような状況下で他の取締役が資料に基づく適切な審査をなしえたとは考えられず、上記の趣旨に反すると言える。よって取締役会において会社に不利益が生じるか否かを十分に審査できたとは言えず、法が要求する手続を履践したと評価することは出来ない。

エ 以上より、Bは356条1項1号に定める競業取引行為にあたる本件取引行為を行ったにもかかわらず、取締役会の承認を経ていない（365条1項・356条1項1号違反）ので「任務を怠った」（423条1項）と言える。

(3) そして上記任務懈怠につき、Bには少なくとも過失がある（428条1項参照）。

(4) 423条2項により、Bの得た利益が甲社に生じた損害額であると推認される。

そしてBは乙社の営業利益が800万円（1000万円－200万円）増えたという利益及び乙社から毎月100万円の顧問料を受け取るという利益を得ているから、これが甲社に生じた損害額と推定される。

(5) この損害と上記任務懈怠との間に因果関係は認められる。
一方、甲社が市場調査のために支払った500万円については、本件取引行為前に500万円を支払っているから、任務懈怠との間に因果関係はない。
(6) 以上より、Bは上記損害額について甲社に対して損害賠償責任を負う。
2 甲社の「役員等」(423条1項)たるBがEを甲社から引き抜いた行為につき、忠実義務(355条)に違反したとして、同様の責任を負わないか。
(1)ア 取締役は会社に対して忠実義務(355条)を負っているところ、会社が時間と資本をかけて育成した人材を引き抜く行為は、会社に大きな損害をもたらす一方で取締役が利益を得ることになり忠実義務に違反する行為であると言える。そこで、会社が時間と資本をかけて育成した人物を、取締役が自らの利益のために引き抜く行為は取締役の忠実義務に違反する行為として、取締役の任務懈怠を構成すると考える。
イ 本問について見ると、Eは甲社の工場の工場長という重要な地位にある者であり甲社が時間と資本をかけて育成した者であると考えられる。また、Eの引抜きにより甲社には100万円×3日＝300万円という多大な損害が生じている。一方でBは、90％もの株式を有し自己が支配している乙社の利益が拡大するという利益を得ている。
ウ よってBの上記行為は甲社が時間と資本をかけて育成したEを、取締役Bが自らの利益のために引き抜く行為であり忠実義務に違反するので、Bは「任務を怠った」(423条1項)と言える。
(2) 上記任務懈怠につき、Bには少なくとも過失がある。
(3) そして甲社には上記の通り100万円×3日＝300万円という損害が生じており、任務懈怠との間に因果関係も認められる。
(4) 以上より、Bは上記損害額について甲社に対して423条1項に基づく損害賠償責任を負う。

第2 設問2
1 第1取引と第2取引が467条1項2号の定める事業譲渡にあたるにもかかわらず、株主総会特別決議(467条1項柱書・309条2項11号)を経ていないとして、無効とならないか。
2 まず467条1項2号かっこ書は会社の総資産額(会社法施行規則134

条1項)の5分の1を下回る場合，同号の事業譲渡にあたらないとしている。そして，資料①によれば甲社の総資産額は7億円である一方，第2取引のP商標権の譲渡価格は1億円であり，甲社の総資産の5分の1を下回るため，第1取引と第2取引を一体として見るべきか問題となる。
(1) 467条1項2号の趣旨は，事業譲渡を不当に分断することで，株主総会特別決議を要求し株主の意思を尊重しようとした法の趣旨の潜脱を防止する点にある。そこで，実質的に複数の取引が一体であれば，複数の取引も1個の取引と見て事業譲渡該当性を判断するべきである。
(2) 本問について見ると，第1取引・第2取引に先立ち洋菓子事業部門の売却が決定され，両取引のための取締役会決議はわずか10日の間になされている。さらに従業員と取引先は共に丙社に承継され，事業に必要である資産は実質的には一体のものとして扱われている。そもそもこのような形式的には2個の取引がなされたのは，甲社の株式の37.5％（8万株中3万株）を有するS社の反対が予想されたため，特別決議が可決されない可能性が高かったためである。そうだとすれば甲社は株主総会特別決議を経る必要がないよう，本来なら1つの取引を便宜上2つの取引に分断したと評価すべきである。
(3) よって第1取引と第2取引は一体として見るべき(以下両取引を合わせて「本件取引」とする。)である。
3 本件取引は，「事業の重要な一部の譲渡」（467条1項2号）にあたるか。
(1)ア 法解釈の統一性の観点から，事業譲渡とは，一定の営業目的のため組織化され，有機的一体として機能する財産の全部または重要な一部を譲渡し，これによって譲受会社が事業を承継するものをいうと解する。
　判例は譲渡会社が競業避止義務を負う結果を伴うという要件を課しているようにも見えるが，競業避止義務を課さないという特約を付すことで事業譲渡にあたらず株主総会特別決議が不要になってしまい，株主の意思を尊重しようとした467条1項の趣旨に反するのでこの要件は不要と考える。
　イ 土地・建物・P商標は洋菓子事業という事業目的のために組織化され，有機的一体として機能する財産と言え，従業員と取引先は丙社に承継されていることから，従業員や取引先という財産も同事業

のために組織化され，有機的一体として機能する財産と言える。そしてかかる事業を丙社は承継して行っている。
　　ウ　よって本件取引は「事業の……譲渡」にあたる。
　(2)ア　次に，467条1項の趣旨が株主保護にあることにかんがみ，「重要」と言えるか否かは，株主保護が必要な程度に会社に重大な影響を与える取引か否かによって決すべきである。
　　イ　本件取引の対象である洋菓子事業部門の時価は3億円とされる一方，甲社の総資産価額が7億円であるため洋菓子事業部門の価格が甲社の資産の半分近くを占めること，洋菓子事業部門が甲社の2つの主要事業のうちの1つであることにかんがみると，洋菓子事業部門の事業譲渡は株主保護が必要な程度に甲社に多大な影響を与えると言える。
　　ウ　よって本件取引は「重要な」事業譲渡にあたる。
　(3)　以上より，本件取引は「事業の重要な一部の譲渡」にあたる。
4　それにもかかわらず，株主総会特別決議がなされていない。そこで，株主総会特別決議を欠く事業譲渡の効力が問題となる。
　　この点，467条1項の趣旨が株主保護にあることにかんがみ，かかる事業譲渡は絶対的に無効であると考える。
5　以上より第1取引と第2取引は無効である。
第3　設問3
1　本件では変更された行使条件に従って新株予約権が行使され，Gに対して新株が発行されている。かかる新株の発行が無効とならないか。
　　本件では募集新株予約権のその他の行使条件の決定が取締役会に一任されているが，これは許容されるか。
　　新株予約権の募集事項に関する決定は株主総会特別決議（238条2項・309条2項6号）で行うことが必要である。しかし239条1項によれば株主総会特別決議により募集事項の決定を，取締役会設置会社であれば取締役会に委任することができる。本問ではA及びS社，すなわち87.5％（8万株中7万株）の賛成により募集事項の決定を取締役会に委任することが決議されているので，行使条件を取締役会に一任することも許される。
2　そうだとしても，本件上場条件を取締役会決議のみで廃止することは許されるか。
　(1)　238条2項や239条1項が株主総会特別決議を要求している趣旨は，株主保護を図る点にある。そこで，株主にとって予測していなかった

不利益が生じた場合は，一度特別決議があったとしても，取締役会において，委任を理由に自由な決議を行うことは許されないと考える。
(2) 株主は，自らの利益を実現してくれる内容の行使条件を甲社の取締役会が付すであろうと考えて，行使条件の決定を取締役会に一任しており，その内容こそが本件上場条件であると言える。そのためGによって約束どおりの業績向上が実現されなかったならば，新株予約権発行による経済的利益をGに与えることは許さないというのが株主の意思であるというべきである。それにもかかわらず，株主の意思が発現した本件上場条件を廃止することは，株主にとって予測していなかった不利益が生じたと言え，一度特別決議があったとしても，取締役会において，委任を理由に自由な決議を行うことは許されない。
3 したがって本件新株予約権の発行は無効であり，その行使によってGが取得した甲社株式も無効である。

以上

第4　2周目の解説

さて，現場で対応することは難しいものの理解を深めるために有益と思われる事項について考えてみましょう。

1　設問1　損害論

損害論はよく出ている論点なのですが，対応は例年難しいです。本年も同様だったと言えるでしょう。

前述のように，Bの競業取引によって生じた損害として423条2項により推定される額は毎月100万円の顧問料と，乙社の増加営業利益800万円とするのが現実的な対応でしょう。

しかし，顧問料は良いとして，乙社の増加営業利益800万円がそのままBの利益となるのでしょうか。Bは乙社の大株主ではありますが，90％の株式を持っているにとどまります。つまり乙社とBは完全に一体なのではなく，乙社の利益は90％の限度でBに帰属するというべきではないでしょうか。

実は，この帰結は競業取引を「自己……のために」行った場合には論理的な関係にあることが出題趣旨に示唆されています。つまり，競業取引が「自己」，すなわち取締役であるB自身の計算においてなされたと考えるなら，推定される損害額はBの得た利益と同額になる一方，競業取引が「第三者」，すなわち乙社の

計算においてなされたと考えるなら，推定される損害額は乙社の得た利益と同額になるのです。具体的には，前者の考え方では720万円（800万円×0.9）とBが受け取った顧問料が推定される損害額となり，後者の考え方では乙社の増加利益である800万円が推定される損害額となりそうです。

そのため本件の競業取引が「自己」（取締役であるB）「のために」なされたという立場を採りつつ，推定される甲社の損害額を800万円とすることは論理矛盾を起こしていることになります。

しかし採点実感においてもこのことが意識されている答案は少なかったことが示唆されており，現場で対応することは難しかったようです。

2　設問3　最判平24.4.24（百選29事件）[31]

設問3は判例（最判平24.4.24　百選29事件）を知っていたか否かで勝負がつく問題でした。もっとも平成27年時点において，この判例は最新のものであったことから，知っている受験生は多くなかったようです。ただ実際に正面から出題されていることから，商法においては最新判例の学習が重要であることが改めて明らかになったと言えるでしょう。

ではこの判例について見てみましょう。下線部は旧商法の条文を現行会社法の条文に直した部分です。

■最判平24.4.24（百選29事件）
【判旨】
「旧商法280条ノ21第1項（現会社法238条2項）は，株主以外の者に対し特に有利な条件をもって新株予約権を発行する場合には，同項所定の事項につき株主総会の特別決議を要する旨を定めるが，同項に基づく特別決議によって新株予約権の行使条件の定めを取締役会に委任することは許容されると解されるところ，株主総会は，当該会社の経営状態や社会経済状況等の株主総会当時の諸事情を踏まえて新株予約権の発行を決議するのであるから，行使条件の定めについての委任も，別途明示の委任がない限り，株主総会当時の諸事情の下における適切な行使条件を定めることを委任する趣旨のものであり，一旦定められた行使条件を新株予約権の発行後に適宜実質的に変更することまで委任する趣旨のものであるとは解されない。また，上記委任に

---

[31] この判例につき，詳しくはリークエ329頁，田中496, 509頁。

基づき定められた行使条件を付して新株予約権が発行された後に，取締役会の決議によって行使条件を変更し，これに沿って新株予約権を割り当てる契約の内容を変更することは，その変更が新株予約権の内容の実質的な変更に至らない行使条件の細目的な変更にとどまるものでない限り，新たに新株予約権を発行したものというに等しく，それは新株予約権を発行するにはその都度株主総会の決議を要するものとした旧商法 280 条ノ 21 第 1 項（現会社法 238 条 2 項）の趣旨にも反するものというべきである。そうであれば，取締役会が旧商法 280 条ノ 21 第 1 項（現会社法 238 条 2 項）に基づく株主総会決議による委任を受けて新株予約権の行使条件を定めた場合に，新株予約権の発行後に上記行使条件を変更することができる旨の明示の委任がされているのであれば格別，そのような委任がないときは，当該新株予約権の発行後に上記行使条件を取締役会決議によって変更することは原則として許されず，これを変更する取締役会決議は，上記株主総会決議による委任に基づき定められた新株予約権の行使条件の細目的な変更をするにとどまるものであるときを除き，無効と解するのが相当である。」

「……本件変更決議のうちの上場条件を撤廃する部分が無効である以上，本件変更決議に従い上場条件が撤廃されたものとしてされた補助参加人らによる本件新株予約権の行使は，当初定められた行使条件に反するものである。そこで，行使条件に反した新株予約権の行使による株式発行の効力について検討する。」

「……公開会社でない株式会社（以下「非公開会社」という。）については，募集事項の決定は取締役会の権限とはされず，株主割当て以外の方法により募集株式を発行するためには，取締役（取締役会設置会社にあっては，取締役会）に委任した場合を除き，株主総会の特別決議によって募集事項を決定することを要し（同法 199 条），また，株式発行無効の訴えの提訴期間も，公開会社の場合は 6 箇月であるのに対し，非公開会社の場合には 1 年とされている（同法 828 条 1 項 2 号）。これらの点に鑑みれば，非公開会社については，その性質上，会社の支配権に関わる持株比率の維持に係る既存株主の利益の保護を重視し，その意思に反する株式の発行は株式発行無効の訴えにより救済するというのが会社法の趣旨と解されるのであり，非公開会社において，株主総会の特別決議を経ないまま株主割当て以外の方法による募集株式の発行がされた場合，その発行手続には重大な法令違反があり，この瑕疵は上記株式発行の無効原因になると解するのが相当である。……そして，非

> 公開会社が株主割当て以外の方法により発行した新株予約権に株主総会によって行使条件が付された場合に，この行使条件が当該新株予約権を発行した趣旨に照らして当該新株予約権の重要な内容を構成しているときは，上記行使条件に反した新株予約権の行使による株式の発行は，これにより既存株主の持株比率がその意思に反して影響を受けることになる点において，株主総会の特別決議を経ないまま株主割当て以外の方法による募集株式の発行がされた場合と異なるところはないから，上記の新株予約権の行使による株式の発行には，無効原因があると解するのが相当である。」

(1) 判旨のまとめ
ア 取締役会決議による新株予約権の行使条件の変更の可否について

　特別決議によって新株予約権の行使条件の定めを取締役会に委任することは許容される。

　しかし，行使条件の定めについての委任も，一旦定められた行使条件を新株予約権の発行後に適宜実質的に変更することまで委任する趣旨のものであるとは解されない。

　そのため，その変更が新株予約権の内容の実質的な変更に至らない行使条件の細目的な変更にとどまるものでない限り，かかる新株予約権を発行するにはその都度株主総会の決議を要するものとした現会社法238条2項の趣旨にも反する。

　よって，行使条件の細目的な変更にとどまらない新株予約権の内容の変更を行う取締役会決議は，株主総会特別決議による委任がない限り，無効である。

イ 行使条件に反した新株予約権の行使による株式の発行の効力について

　会社の支配権に関わる持株比率の維持に係る既存株主の利益の保護を重視すべき非公開会社においては，株主総会の特別決議を経ないまま株主割当て以外の方法による募集株式の発行がされた場合，その発行手続には重大な法令違反があるとしてこの瑕疵は株式発行の無効原因になる。

　そして，非公開会社が株主割当て以外の方法により発行した新株予約権に株主総会によって行使条件が付された場合で，この行使条件が当該新株予約権を発行した趣旨に照らして当該新株予約権の重要な内容を構成しているときは，上記行使条件に反した新株予約権の行使による株式の発行は，これにより既存株主の持株比率がその意思に反して影響を受けることになる点において，株主

総会の特別決議を経ないまま株主割当て以外の方法による募集株式の発行がされた場合と異なるところはない。
　よって上記の新株予約権の行使による株式の発行には，無効原因がある。

(2) 求められていた論述

　出題者は，この判例を踏まえて①**本件上場条件を取締役会決議で変更することの可否**，②**変更が許されないとして，行使条件に反した新株予約権の行使による株式の発行が無効となるか**という点に関する記述を求めていたようです。
　さらに判例では明言されていませんが，③**そもそも新株予約権の行使条件に関する定めが238条1項1号，239条1項1号の「新株予約権の内容」に含まれるか**という点も記述することが求められていたようです。なぜなら，これに含まれるとすると，そもそも取締役会に決定を委ねることが出来ないためです（239条1項柱書は，取締役会に決定を委任するためには各号の事項を定めなければならないとしています）。もっとも，この点についてはたとえ判例を知っていたとしても記述することは相当困難であったようです。

参考答案（出題趣旨を踏まえつつ修正した答案）

第1　設問1
1　本件で甲社の取締役たるBは，乙社の顧問に就任し洋菓子事業の陣頭指揮を執っている。

　かかる行為（以下「本件取引行為」とする。）につき，Bは甲社に対し423条1項に基づく損害賠償責任を負わないか。
(1)　まずBは甲社の取締役として「役員等」（同項）にあたる。
(2)　では本件取引行為を行ったことが競業取引行為（356条1項1号）にあたるにもかかわらず，取締役会決議を経ていない（365条1項・356条1項1号）として，Bが「任務を怠った」（423条1項）と言えないか。

　ア　本件取引行為が356条1項1号に定める競業取引にあたるか。まず「自己又は第三者のために」の意義が問題となる。

　　(ア)　同号の趣旨は，取締役が会社の事業の機密に通じ強大な権限を有していることから，競業取引を行うにあたって重要な事実の開示と取締役会の承認を要求することで会社の利益を保護することにある。そして取締役が自己又は第三者の計算において競業取引が行われれば，会社に経済的損失が生じることになるから，「自己又は第三者のために」とは自己又は第三者の計算においてという意義に解すべきである。

　　(イ)　本問について見ると，Bは乙社の90％の株式を保有する大株主であり，剰余金分配などを通じて乙社の利益を90％の割合で享受しうる地位にあるうえ，月100万円の顧問料を乙社から受け取っている。そのためBは競業取引を行うことにより乙社の利益を犠牲に経済的利益を得ていると言える。よって，Bは自己の計算において，すなわち自己の「ために」本件取引行為を行っていると言える。

　イ　では本件取引行為は，「株式会社の事業の部類に属する取引」（356条1項1号）にあたるか。

　　(ア)　上述の356条1項1号の趣旨にかんがみ，「株式会社の事業の部類に属する取引」とは，会社が実際に行う可能性のある事業と市場において取引が競合し，会社と取締役又は第三者との間に利益衝突をきたす可能性のある取引をいうと考える。

　　(イ)　本問について見ると，甲社と乙社は共に洋菓子の製造販売事

業を営み、それぞれＰとＱという世界的に著名な商標を付してチョコレートを販売するという競合する商品に関する事業を行っている。また、甲社が関西地方に進出するために市場調査を開始したことから、両社は関西地方において事業が競合する可能性がある。よって本件取引行為は、会社が実際に行う可能性のある事業と市場において取引が競合し、会社と取締役との間に利益衝突をきたす可能性のある取引として「株式会社の事業の部類に属する取引」にあたる。

 ウ　以上より本件取引行為は356条1項1号に定める競業取引にあたるため、取締役会において重要事実を開示し、その承認を経ることが必要（365条1項・356条1項1号）である。では本問でかかる手続が履践されたと言えるか。

  (ア)　365条1項・356条1項1号の趣旨は利益衝突行為が会社に不利益をもたらすおそれが高いことから、重要な事実開示と取締役会の承認を要求し会社に損害が生じるか否かを他の取締役に審査させる点にある。そこで、取締役会において会社に不利益が生じるか否かを十分に審査できた場合に限り、法が要求する手続を履践したと評価すべきと考える。

  (イ)　本問について見ると、Ｂが乙社株式の取得に関する重要な事実を開示したとする事実はなく、そのような状況下で他の取締役が資料に基づく適切な審査をなしえたとは考えられず、上記の趣旨に反すると言える。よって取締役会において会社に不利益が生じるか否かを十分に審査できたとは言えず、法が要求する手続を履践したと評価することは出来ない。

 エ　以上より、Ｂは356条1項1号に定める競業取引行為にあたる本件取引行為を行ったにもかかわらず、取締役会の承認を経ていない（365条1項・356条1項1号違反）ので「任務を怠った」（423条1項）と言える。

(3)　そして上記任務懈怠につき、Ｂには少なくとも過失がある（428条1項参照）。

(4)　423条2項により、Ｂの得た利益が甲社に生じた損害額であると推認される。

 そしてＢは乙社の営業利益が800万円（1000万円−200万円）増えたことによる利益、すなわち、乙社の利益のうちその有する株式と同じ割合（90％）の720万円及び乙社から毎月100万円の顧問料を受け

取るという利益を得ているから、これが甲社に生じた損害額と推定される。
(5) この損害と上記任務懈怠との間に因果関係は認められる。
　一方、甲社が市場調査のために支払った500万円については、本件取引行為前に500万円を支払っているから、任務懈怠との間に因果関係はない。
(6) 以上より、Bは上記損害額について甲社に対して損害賠償責任を負う。
2　甲社の「役員等」（423条1項）たるBがEを甲社から引き抜いた行為につき、忠実義務（355条）に違反したとして、同様の責任を負わないか。
(1)ア　取締役は会社に対して忠実義務（355条）を負っているところ、会社が時間と資本をかけて育成した人材を引き抜く行為は、会社に大きな損害をもたらす一方で取締役が利益を得ることになり忠実義務に違反する行為であると言える。そこで、会社が時間と資本をかけて育成した人物を、取締役が自らの利益のために引き抜く行為は取締役の忠実義務に違反する行為として、取締役の任務懈怠を構成すると考える。
　イ　本問について見ると、Eは甲社の工場の工場長という重要な地位にある者であり甲社が時間と資本をかけて育成した者であると考えられる。また、Eの引抜きにより甲社には100万円×3日＝300万円という多大な損害が生じている。一方でBは、90％もの株式を有し自己が支配している乙社の利益が拡大するという利益を得ている。
　ウ　よってBの上記行為は甲社が時間と資本をかけて育成したEを、取締役Bが自らの利益のために引き抜く行為であり忠実義務に違反するので、Bは「任務を怠った」（423条1項）と言える。
(2) 上記任務懈怠につき、Bには少なくとも過失がある。
(3) そして甲社には上記の通り100万円×3日＝300万円という損害が生じており、任務懈怠との間に因果関係も認められる。
(4) 以上より、Bは上記損害額について甲社に対して423条1項に基づく損害賠償責任を負う。

第2　設問2
1　第1取引と第2取引が467条1項2号の定める事業譲渡にあたるにもかかわらず、株主総会特別決議（467条1項柱書・309条2項11号）を経ていないとして、無効とならないか。

2　まず467条1項2号かっこ書は会社の総資産額（会社法施行規則134条1項）の5分の1を下回る場合，同号の事業譲渡にあたらないとしている。そして，資料①によれば甲社の総資産額は7億円である一方で，第2取引のP商標権の譲渡価格は1億円であり，甲社の総資産の5分の1を下回るため，第1取引と第2取引を一体として見るべきか問題となる。

(1)　467条1項2号の趣旨は，事業譲渡を不当に分断することで，株主総会特別決議を要求し株主の意思を尊重しようとした法の趣旨の潜脱を防止する点にある。そこで，実質的に複数の取引が一体であれば，複数の取引も1個の取引と見て事業譲渡該当性を判断するべきである。

(2)　本問について見ると，第1取引・第2取引に先立ち洋菓子事業部門の売却が決定され，両取引のための取締役会決議はわずか10日の間になされている。さらに従業員と取引先は共に丙社に承継され，事業に必要である資産は実質的には一体のものとして扱われている。そもそもこのような形式的には2個の取引がなされたのは，甲社の株式の37.5％（8万株中3万株）を有するS社の反対が予想されたため，特別決議が可決されない可能性が高かったためである。そうだとすれば甲社は株主総会特別決議を経る必要がないよう，本来なら1つの取引を便宜上2つの取引に分断したと評価すべきである。

(3)　よって第1取引と第2取引は一体として見るべき（以下両取引を合わせて「本件取引」とする。）である。

3　本件取引は，「事業の重要な一部の譲渡」（467条1項2号）にあたるか。

(1)ア　法解釈の統一性の観点から，事業譲渡とは，一定の営業目的のため組織化され，有機的一体として機能する財産の全部または重要な一部を譲渡し，これによって譲受会社が事業を承継するものをいうと解する。

　　　判例は譲渡会社が競業避止義務を負う結果を伴うという要件を課しているようにも見えるが，競業避止義務を課さないという特約を付すことで事業譲渡にあたらず株主総会特別決議が不要になってしまい，株主の意思を尊重しようとした467条1項の趣旨に反するのでこの要件は不要と考える。

イ　土地・建物・P商標は洋菓子事業という事業目的のために組織化され，有機的一体として機能する財産と言え，従業員と取引先は丙

社に承継されていることから、従業員や取引先という財産も同事業のために組織化され、有機的一体として機能する財産と言える。そしてかかる事業を丙社は承継して行っている。
　ウ　よって本件取引は「事業の……譲渡」にあたる。
(2)ア　次に、467条1項の趣旨が株主保護にあることにかんがみ、「重要」と言えるか否かは、株主保護が必要な程度に会社に重大な影響を与える取引か否かによって決すべきである。
　イ　本件取引の対象である洋菓子事業部門の時価は3億円とされる一方、甲社の総資産価額が7億円であるため洋菓子事業部門の価格が甲社の資産の半分近くを占めること、洋菓子事業部門が甲社の2つの主要事業のうちの1つであることにかんがみると、洋菓子事業部門の事業譲渡は株主保護が必要な程度に甲社に多大な影響を与えると言える。
　ウ　よって本件取引は「重要な」事業譲渡にあたる。
(3)　以上より、本件取引は「事業の重要な一部の譲渡」にあたる。
4　それにもかかわらず、株主総会特別決議がなされていない。そこで、株主総会特別決議を欠く事業譲渡の効力が問題となる。
　この点、467条1項の趣旨が株主保護にあることにかんがみ、かかる事業譲渡は絶対的に無効であると考える。
5　以上より第1取引と第2取引は無効である。
第3　設問3
1　本件では変更された行使条件に従って新株予約権が行使され、Gに対して新株が発行されている。かかる新株の発行が無効とならないか。
　本件では募集新株予約権のその他の行使条件の決定が取締役会に一任されているが、これは許容されるか。239条1項柱書は、取締役会に決定を委任するためには各号の事項を定めなければならないとしていることから、行使条件の決定が238条1項1号・239条1項1号に定める「新株予約権の内容」にあたるか問題となる。
(1)　238条2項が新株予約権の募集事項に関する決定を行うために、株主総会特別決議（238条2項・309条2項6号）を要求している趣旨は株主の意思を尊重する点にある。そこで、取締役会決議ではなく、株主総会で決定しなければ株主の意思を反映しえない事項に限り、「新株予約権の内容」に含まれると考える。
(2)　新株予約権の行使条件は新株予約権の内容自体に関わるものではなく、また、いかなる条件を付すかは、新株予約権発行の目的に応じ

た取締役らによる専門的判断に委ねるのが株主にとっても利益となると言える。そこで，新株予約権の行使条件は「新株予約権の内容」に含まれず，取締役会に一任することも許されると考える。
2 そうだとしても，本件上場条件を取締役会決議のみで廃止することは許されるか。
 (1) 238条2項や239条1項が株主総会特別決議を要求している趣旨は，株主保護を図る点にある。そこで，かかる趣旨に反する場合，すなわち行使条件の細目的な変更にとどまらない新株予約権の内容の変更を行う取締役会決議は，株主総会特別決議による委任がない限り，無効であると考える。
 (2) よって本問でも上場条件を変更した取締役会決議は無効であると考える。
3 では，行使条件に反した新株予約権の発行は無効となるか。
 (1)ア まず，持株比率の維持に係る既存株主の利益の保護を重視すべき非公開会社においては，株主総会の特別決議を経ないまま株主割当て以外の方法による募集株式の発行がされた場合，手続に重大な瑕疵があるとして当該株式発行は無効となると考える。
　　そして，非公開会社が株主割当て以外の方法により発行した新株予約権に株主総会によって行使条件が付された場合で，この行使条件が当該新株予約権を発行した趣旨に照らして当該新株予約権の重要な内容を構成しているときは，上記行使条件に反した新株予約権の行使による株式の発行は，これにより既存株主の持株比率がその意思に反して影響を受けることになる点で，株主総会の特別決議を経ずに株主割当て以外の方法による募集株式の発行がされた場合と同様である。そこで重要な行使条件に反した新株予約権の発行は無効であると考える。
 イ 本件新株予約権の行使条件は，甲社株式が上場された後6か月が経過することである。かかる条件が付されているのは，株式上場が果たされた後に新株予約権を行使すれば大きな利益を得られるので，取締役らに対して株式上場へ向けて会社を発展させるインセンティブを与える点にある。それにもかかわらず，上場条件を廃止してしまうとかかるインセンティブが失われ，取締役らに条件付で新株予約権を付与した趣旨を没却してしまう。
 ウ そのため，上場条件は本件新株予約権における重要な行使条件であり，これに反した本件新株予約権の発行は無効である。

(2) よって，本件新株予約権の行使によってＧが取得した甲社株式も無効である。

以上

第3章　平成28年

〔第2問〕（配点：100〔〔設問1〕から〔設問3〕までの配点の割合は，3.5：3：3.5〕）
　次の文章を読んで，後記の〔設問1〕から〔設問3〕までに答えなさい。

1．甲株式会社（以下「甲社」という。）は，取締役会及び監査役を置いている。甲社の定款には取締役は3名以上とする旨の定めがあるところ，A，Bほか4名の計6名が取締役として選任され，Aが代表取締役社長として，Bが代表取締役専務として，それぞれ選定されている。また甲社の定款には，取締役の任期を選任後10年以内に終了する事業年度のうち最終のものに関する定時株主総会の終結の時までとする旨の定めがある。甲社の監査役は，1名である。
　　甲社は種類株式発行会社ではなく，その定款には，譲渡による甲社の株式の取得について取締役会の承認を要する旨の定めがある。甲社の発行済株式及び総株主の議決権のいずれも，25％はAが，20％はBが，それぞれ保有している。
2．甲社は建設業を営んでいたが，甲社においては，Aが事業の拡大のために海外展開を行う旨を主張する一方で，Bが事業の海外展開を行うリスクを懸念し，Aの主張に反対しており，AとBが次第に対立を深めていった。Aは，事業の海外展開を行うために必要かつ十分な調査を行い，その調査結果に基づき，事業の海外展開を行うリスクも適切に評価して，取締役会において，事業の拡大のために海外展開を行う旨の議案を提出した。この議案については，Bが反対したものの，賛成多数により可決された。
　　甲社はこの取締役会の決定に基づき事業の海外展開をしたが，この海外事業は売上げが伸びずに低迷し，甲社は3年余りでこの海外事業から撤退した。
3．この間にAと更に対立を深めていたBは，取締役会においてAを代表取締役から解職することを企て，Aには内密に，Aの解職に賛成するように他の取締役に根回しをし，Bを含めてAの解職に賛成する取締役を3名確保することができた。甲社の取締役会を招集する取締役については定款及び取締役会のいずれでも定められていなかったことから，Bは，Aの海外出張中を見計らって臨時取締役会を開催し，Aを代表取締役から解職する旨の議案を提出することとした。

4．Bは，Aが海外出張に出発したことから，臨時取締役会の日の1週間前にAを除く各取締役及び監査役に対して取締役会の招集通知を発した。この招集通知には，取締役会の日時及び場所については記載されていたが，取締役会の目的である事項については記載されていなかった。

Aの海外出張中に，Aを除く各取締役及び監査役が出席し，臨時取締役会が開催された。Bは，この臨時取締役会において，議長に選任され，Aを代表取締役から解職する旨の議案を提出した。この議案については，賛成3名，反対2名の賛成多数により可決された。

5．Aが，海外出張から帰国し，Aを代表取締役から解職する旨の臨時取締役会の決議の効力を強硬に争っていたところ，臨時取締役会の決議においてAの解職に反対した取締役のうちの一人が，甲社の内紛に嫌気がさし，取締役を辞任した。そこで，Bは，各取締役及び監査役の全員が出席する定例取締役会であっても，Aの解職の決議をすることができる状況にあると考え，解職を争っていたAを含む各取締役及び監査役の全員が出席した定例取締役会において，念のため，再度，Aを代表取締役から解職する旨の議案を提出した。この議案については，賛成多数により可決された。また，甲社においては，取締役の報酬等の額について，株主総会の決議によって定められた報酬等の総額の最高限度額の範囲内で，取締役会の決議によって役職ごとに一定額が定められ，これに従った運用がされていた。この運用に従えば，Aの報酬の額は，月額50万円となるところ，Bは，この定例取締役会において，Aの解職に関する議案に続けて，解職されたAの報酬の額を従前の代表取締役としての月額150万円から月額20万円に減額する旨の議案も提出した。この議案についても，賛成多数により可決された。この定例取締役会において，BがAの後任の代表取締役社長として選定された。

〔設問1〕
(1) Aを代表取締役から解職する旨の上記4の臨時取締役会の決議の効力について，論じなさい。
(2) Aの報酬の額を減額する旨の上記5の定例取締役会の決議の後，Aは，甲社に対し，月額幾らの報酬を請求することができるかについて，論じなさい。なお，Aが代表取締役から解職されたことを前提とする。

6．代表取締役から解職されたAは，甲社の株主として，定時株主総会において，Aの解職に賛成したBら3名を取締役から解任しようと考え，Bら3名の取締役の解任及びその後任の取締役の選任をいずれも株主総会の目的とす

ることを請求するとともに，これらに関する議案の要領をいずれも定時株主総会の招集通知に記載するように請求した。

甲社の定時株主総会の招集通知には，会社提案として，海外事業の失敗を理由とするAの取締役の解任に関する議案が，Aの株主提案として，上記Bら3名の取締役の解任に関する議案及びその後任の取締役の選任に関する議案が，それぞれ記載されていた。

7．甲社の定時株主総会においては，Aの取締役の解任に関する議案は可決され，上記Bら3名の取締役の解任に関する議案及びその後任の取締役の選任に関する議案はいずれも否決された。

なお，Aの取締役としての任期は，8年残っていた。

〔設問2〕
(1) 上記7の定時株主総会において取締役から解任されたAが，甲社に対し，解任が不当であると主張し，損害賠償請求をした場合における甲社のAに対する会社法上の損害賠償責任について，論じなさい。
(2) 仮に，上記6の定時株主総会の招集通知が発せられた後，Aが多額の会社資金を流用していたことが明らかとなったことから，Aが，Aの取締役の解任に関する議案が可決されることを恐れ，旧知の仲である甲社の株主数名に対し，定時株主総会を欠席するように要請し，その結果，定時株主総会が，定足数を満たさず，流会となったとする。この場合において，①Bが，甲社の株主として，訴えをもってAの取締役の解任を請求する際の手続について，説明した上で，②この訴えに関して考えられる会社法上の問題点について，論じなさい。

8．甲社は，内紛が解決した後，順調に業績が伸び，複数回の組織再編を経て，会社法上の公開会社となり，金融商品取引所にその発行する株式を上場した。現在，甲社の資本金の額は20億円で，従業員数は3000名を超え，甲社は監査役会及び会計監査人を置いており，Cが代表取締役社長を，Dが取締役副社長を，それぞれ務めている。

9．甲社の取締役会は「内部統制システム構築の基本方針」を決定しており，甲社は，これに従い，法務・コンプライアンス部門を設け，Dが同部門を担当している。また，甲社は，内部通報制度を設けたり，役員及び従業員向けのコンプライアンス研修を定期的に実施するなどして，法令遵守に向けた取組を実施している。さらに，甲社は，現在，総合建設業を営んでいるところ，下請業者との癒着を防止するため，同規模かつ同業種の上場会社と同等の社

内規則を制定しており，これに従った体制を整備し，運用している。
10. 甲社の内部通報制度の担当者は，平成27年3月末に，甲社の営業部長を務めるEが下請業者である乙株式会社（以下「乙社」という。）の代表取締役を務めるFと謀り，甲社が乙社に対して発注した下請工事（以下「本件下請工事」という。）の代金を水増しした上で，本件下請工事の代金の一部を着服しようとしているとの甲社の従業員の実名による通報（以下「本件通報」という。）があった旨をDに報告した。ところが，その報告を受けたDは，これまで，甲社において，そのような不正行為が生じたことがなかったこと，会計監査人からもそのような不正行為をうかがわせる指摘を受けたことがなかったこと，EがDの後任の営業部長であり，かつて直属の部下であったEに信頼を置いていたことから，本件通報には信ぴょう性がないと考え，本件下請工事や本件通報については，法務・コンプライアンス部門に対して調査を指示せず，Cを含む他の取締役及び監査役にも知らせなかった。
11. 甲社の内部通報制度の担当者は，その後，Dから，法務・コンプライアンス部門に対し，本件下請工事や本件通報についての調査の指示がなかったことから，平成27年5月に，本件通報があった旨をCにも報告した。その報告を受けたCは，直ちに，本件下請工事や本件通報について，法務・コンプライアンス部門に対して調査を指示した。
12. 甲社の法務・コンプライアンス部門が調査をした結果，2週間程度で，以下のとおり，EとFが謀り，本件下請工事について不正行為をしていたことが判明した。
　(1) EとFは，本件下請工事について，合理的な代金が1億5000万円であることを理解していたにもかかわらず，代金を5000万円水増しして，2億円と偽り，水増しした5000万円を後に二人で着服することをあらかじめ合意していた。
　(2) 甲社の社内規則上，甲社が発注する下請工事の代金が1億円以上となると，複数社から見積りを取得する必要が生じることから，Eが，Fに対し，本件下請工事について，形式上，工事を三つに分割して見積書を3通作成することを指示し，乙社は，①第一工事の代金を8000万円，②第二工事の代金を5000万円，③第三工事の代金を7000万円として，本件下請工事について代金が合計2億円となるように3通の見積書を作成し，甲社に提出した。
　(3) Eは，甲社の関係部署を巧妙に欺き，3通の見積書がそれぞれ別工事に関わるものであると誤信させた。これにより，甲社は，平成26年9月に，乙社との間で，上記の各見積書に基づき3通の注文書と注文請書を取り交

わした上で，以後，乙社に対し，毎月末の出来高に応じて翌月末に本件下請工事の代金を支払っていった。

(4) 甲社は，本件下請工事が完成したことから，乙社に対し，平成27年4月末に残金合計3000万円を支払い，その後，EとFが，甲社が乙社に対して支払った本件下請工事の代金から5000万円を着服した。

(5) 甲社の会計監査人は，平成27年1月に，乙社に対し，甲社の平成26年12月期の事業年度の計算書類及びその附属明細書等の監査のために，本件下請工事の代金の残高についての照会書面を直接郵送し，回答書面の直接返送を求める方法で監査を行ったが，Eは，Fに対し，回答書面にEが指定した金額を記載して返送するように指示をするなど，不正が発覚することを防止するための偽装工作を行っていた。

〔設問3〕 上記8から12までを前提として，①Cの甲社に対する会社法上の損害賠償責任及び②Dの甲社に対する会社法上の損害賠償責任について，それぞれ論じなさい。

第3章 平成28年

第1 配点と設問の大枠を見る

まず配点はどうなっているでしょうか。

> 〔第2問〕(配点：100〔設問1〕から〔設問3〕までの配点の割合は，3.5：3：3.5〕)

あまり設問ごとに配点の差はありませんね。設問の内容を見てみましょう。

> 〔設問1〕
> (1) Aを代表取締役から解職する旨の上記4の臨時取締役会の決議の効力について，論じなさい。
> (2) Aの報酬の額を減額する旨の上記5の定例取締役会の決議の後，Aは，甲社に対し，月額幾らの報酬を請求することができるかについて，論じなさい。なお，Aが代表取締役から解職されたことを前提とする。

設問1は小問が2つあります。(1)では取締役会決議の効力が問われています。典型論点っぽいですね。
(2)は報酬の問題ですね。これもお手盛りかな，といったイメージはできそうです。

> 〔設問2〕
> (1) 上記7の定時株主総会において取締役から解任されたAが，甲社に対し，解任が不当であると主張し，損害賠償請求をした場合における甲社のAに対する会社法上の損害賠償責任について，論じなさい。
> (2) 仮に，上記6の定時株主総会の招集通知が発せられた後，Aが多額の会社資金を流用していたことが明らかとなったことから，Aが，Aの取締役の解任に関する議案が可決されることを恐れ，旧知の仲である甲社の株主数名に対し，定時株主総会を欠席するように要請し，その結果，定時株主総会が，定足数を満たさず，流会となったとする。この場合において，①Bが，甲社の株主として，訴えをもってAの取締役の解任を請求する際の手続について，説明した上で，②この訴えに関して考えられる会社法上の問題点について，論じなさい。

第2部　実践編

　設問2も小問が2つありますね。(1)では解任された取締役の損害賠償請求権について問われています。339条が思い浮かぶと良いです。(2)は解任の訴えの問題みたいですね。854条が思い浮かびましたか。ぴったり数字が出てこなくとも，あの辺にあったなぁというイメージがあれば十分です。一方，全く条文のイメージが出てこないと，この問題に取り組むことは難しくなります。日頃から会社法の条文を引く練習をしていたかどうかで差がつく問題です。

> 〔設問3〕　上記8から12までを前提として，①Cの甲社に対する会社法上の損害賠償責任及び②Dの甲社に対する会社法上の損害賠償責任について，それぞれ論じなさい。

　設問3はいつもの任務懈怠の問題のようですね。ここまで4つもの小問があるうえ，最後の設問なので時間がなくならないように気をつけたいところです。

第2　問題文を読む，答案構成をする

　それでは設問1にたどりつくまでの問題文を読んでいきましょう。

1．甲株式会社（以下「甲社」という。）は，取締役会及び監査役を置いている。甲社の定款には取締役は3名以上とする旨の定めがあるところ，A，Bほか4名の計6名が取締役①として選任され，Aが代表取締役社長として，Bが代表取締役専務として，それぞれ選定されている。また甲社の定款には，取締役の任期を選任後10年以内に終了する事業年度のうち最終のものに関する定時株主総会の終結の時までとする旨の定めがある。甲社の監査役は，1名である。甲社は種類株式発行会社ではなく，その定款には，譲渡による発甲社の株式の取得について取締役会の承認を要する旨の定めがある。甲社の行済株式及び総株主の議決権のいずれも，25％はAが，20％はBが，それぞれ保有している。	①取締役の総人数。
2．甲社は建設業を営んでいたが，甲社においては，Aが事業の拡大のために海外展開を行う旨を主張する一方で，Bが事業の海外展開を行うリスクを懸念し，Aの主張に反対しており，AとBが次第に対立を深めていった。Aは，事業の海外展開を行うために必要かつ十分な調査を行い，その調査結果に基づき，	②経営判断原則の問題か。

132

事業の海外展開を行うリスクも適切に評価して，取締役会において，事業の拡大のために海外展開を行う旨の議案を提出した②。この議案については，Bが反対したものの，賛成多数により可決された。甲社はこの取締役会の決定に基づき事業の海外展開をしたが，この海外事業は売上げが伸びずに低迷し，甲社は3年余りでこの海外事業から撤退した②。

3．この間にAと更に対立を深めていたBは，取締役会においてAを代表取締役から解職することを企て，Aには内密に，Aの解職に賛成するように他の取締役に根回しをし，Bを含めてAの解職に賛成する取締役を3名確保することができた。甲社の取締役会を招集する取締役については定款及び取締役会のいずれでも定められていなかったことから，Bは，Aの海外出張中を見計らって臨時取締役会を開催し，Aを代表取締役から解職する旨の議案を提出することとした③。　③手続に瑕疵があるか。

4．Bは，Aが海外出張に出発したことから，臨時取締役会の日の1週間前にAを除く各取締役及び監査役に対して取締役会の招集通知を発した③。この招集通知には，取締役会の日時及び場所については記載されていたが，取締役会の目的である事項については記載されていなかった④。　④わざわざ書いてあるが瑕疵ではない。

Aの海外出張中に，Aを除く各取締役及び監査役が出席し，臨時取締役会が開催された。Bは，この臨時取締役会において，議長に選任され，Aを代表取締役から解職する旨の議案を提出した。この議案については，賛成3名，反対2名の賛成多数により可決された⑤。　⑤問題の臨時取締役会。1名差の僅差で可決されている。

5．Aが，海外出張から帰国し，Aを代表取締役から解職する旨の臨時取締役会の決議の効力を強硬に争っていたところ，臨時取締役会の決議においてAの解職に反対した取締役のうちの一人が，甲社の内紛に嫌気がさし，取締役を辞任した。そこで，Bは，各取締役及び監査役の全員が出席する定例取締役会であっても，Aの解職の決議をすることができる状況にあると考え，解職を争っていたAを含む各取締役及び監査役の全員が出席した定例取締役会において，念のため，再度，Aを代表取締役から解職する旨の議案を提出した。この議案については，賛成多数により可決された⑥。また，甲社においては，取締役の報酬等の額について，株主総会の決議によって定められた報酬等の総額の最高限度額の範囲内で，取締役会の決議によって役職ごとに一定額が定められ，これに従った運用がされていた。この運用に従えば，Aの報酬の額は，月額50万円となるとこ　⑥こちらの取締役会決議は適法。

⑦ありうるAの報酬額は，月150万円，50万円，20万円のいずれか。

ろ，Bは，この定例取締役会において，Aの解職に関する議案に続けて，解職されたAの報酬の額を従前の代表取締役としての月額150万円から月額20万円に減額する旨の議案も提出した。この議案についても，賛成多数により可決された[7]。この定例取締役会において，BがAの後任の代表取締役社長として選定された。

〔設問1〕
(1) Aを代表取締役から解職する旨の上記4の臨時取締役会の決議の効力について，論じなさい。
(2) Aの報酬の額を減額する旨の上記5の定例取締役会の決議の後，Aは，甲社に対し，月額幾らの報酬を請求することができるかについて，論じなさい。なお，Aが代表取締役から解職されたことを前提とする。

1 設問1
(1) 小問(1)
ア 考えられる瑕疵

本問の臨時取締役会の効力について検討するに先立ち，まずどのような瑕疵がありそうでしょうか。思いつきそうなものは2つあります。すなわち，①解職に反対するであろうAが海外出張に出ている間に，Aを除いた取締役に招集通知を発し，臨時取締役会を開催したこと，②招集通知に取締役会の目的事項が記載されていなかったことです。これらが瑕疵にあたるか否かを検討した上で，その瑕疵が取締役会決議を無効たらしめる事由となるか否か判断します。

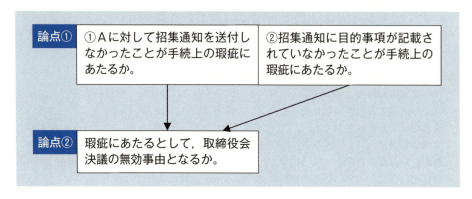

まず、②についてはそもそも瑕疵にあたりません。なぜなら取締役は経営の専門家であり、事前に目的事項を知らされていなくとも取締役会の場で適切な発言をすることを期待されているためです。この点に関する結論は知っておきたいところでした。

問題は①です。Aに対して招集通知がなされていませんが、これは瑕疵にあたるのでしょうか。ここで意識したいのが、取締役会の目的事項がAの解職だという点です。つまりAは特別利害関係取締役（369条2項）にあたるんです。このことを一言述べましょう。

そして特別利害関係取締役は、取締役会決議に参加することができませんね（同項）。決議どころか、取締役会の場にいることさえ許されないとする考え方もあるほどです。そうだとすれば、**そもそも特別利害関係取締役に対する招集通知は不要なのではないか**、という考え方もできるようにも思えます。

そこで、本問ではそもそもAに対して招集通知を行わなかったとしても、瑕疵がなかったと言えないかということが問題になるのです。

関係する条文は**368条1項**です。同項の**趣旨**は、**取締役に取締役会決議に参加する機会を与える点**にあります。とりわけ、本問では**招集通知に取締役会の目的事項が記載されていなかった**のですから、**招集通知がなされた時点では、Aが特別利害関係取締役にあたるか否かは明らかではなかった**はずです。そのためAに取締役会に参加する機会を与える必要があったと言えるでしょう。

よってAに対する取締役会の招集通知を欠いたことは、手続上の瑕疵にあたるということが出来るでしょう。

イ　手続的瑕疵が取締役会決議の無効事由となるか[32]

では、かかる瑕疵が取締役会決議の無効事由となるのでしょうか。
判例（最判昭44.12.2　百選65事件）は以下のように述べています。

> ■最判昭44.12.2（百選65事件）
> 【判旨】
> 　取締役会の開催にあたり、取締役の一部の者に対する招集通知を欠くことにより、その招集手続に瑕疵があるときは、特段の事情のないかぎり、右瑕疵のある招集手続に基づいて開かれた取締役会の決議は無効になると解すべ

---

[32] この論点につき、詳しくはリークエ184、185頁、田中223、224頁。

> きであるが，この場合においても，その取締役が出席してもなお決議の結果に影響がないと認めるべき特段の事情があるときは，右の瑕疵は決議の効力に影響がないものとして，決議は有効になると解するのが相当である。

つまり，**招集通知を欠く取締役会決議は特段の事情なき限り無効**であると述べています。

本問で問題になるのは，**Aが特別利害関係取締役であることが特段の事情にあたるか**，ということです。つまり本問臨時取締役会は3対2で可決されているところ，Aは決議に参加できないので，結論が覆ることはないのではないかということです。

確かにAは決議に参加できません。そしてBは解任の提案に賛成する取締役を3名確保しており，結論は変わらないとも思えます。

しかし，特別利害関係取締役であっても取締役会に参加することができるという立場からは，**Aが取締役会に参加して自己の解任が不当である理由を説明することができれば，解任提案に賛成しようとしていた取締役が投票先を変える**ことがあり得ます。そうだとすれば，やはり招集通知を欠く取締役会決議を有効とする特段の事情はないと言うことも可能でしょう。

一方，**特別利害関係取締役はそもそも取締役会に参加することさえ許されるべきではない**という立場を採れば，上記のようにAが取締役会に参加して自己の解任が不当である理由を説明することは出来ないので，特段の事情があるということも出来ます。

いずれの立場を採るとしても，説得的な論述をする必要があるでしょう。

(2) 小問(2)
ア 株主総会で取締役会へ報酬額の決定を一任することの可否[33]

前提事項ですが，**株主総会決議で報酬額の決定を取締役会に一任できる**（最判昭60.3.26）ことを確認しておきましょう。もっともこれは前提事項なので，長々と書くべきではないでしょう。

---

[33] この論点につき，詳しくはリークエ227頁，田中246頁。

イ 報酬額を事後的に変更することの可否[34]

　本問では，Aの同意を得ずにAの報酬額が20万円まで減額されています。このようなことは許されるのでしょうか。

　この論点を知っていた受験生もいると思いますが，知らない受験生も多かったと思われます。現場で考えるとしたら，どうすべきでしょうか。

　まず，本件で請求できる報酬額として考えうるのは，20万円，50万円，150万円のいずれかです。もっとも，**Aは改めて行われた瑕疵のない取締役会決議によって，適法に代表取締役から解職されていますから，150万円を請求することは難しそう**です。

　そこで，**20万円，50万円のいずれとなるかが問題**となります。

　多くの受験生は何となく50万円が適切だと考えたのではないでしょうか。なぜなら，甲社の「運用に従えば，Aの報酬の額は，月額50万円となる」との記述があるからです。そこでこれを法律論に落とし込みましょう。

　会社と取締役は委任・受任の関係にあり，両者間には委任契約があります。**契約関係にあるのですから，報酬額について，一方的に契約内容を変更することは許されない**（最判平4.12.18　百選62事件）はずです。もっとも**常に変更が許されない**とすると，**運用が硬直的**になってしまいます（たとえば経営危機に陥ったときに，取締役の報酬を一律に下げようとすることは許されても良いでしょう）。そこで，「正当な理由」や「特段の事情」といった**留保を付す**といった工夫をしても良いでしょう。もっとも，本問では，「正当な理由」や「特段の事情」に該当する事情は特になさそうです。

　論理の流れは次のようになりそうです。

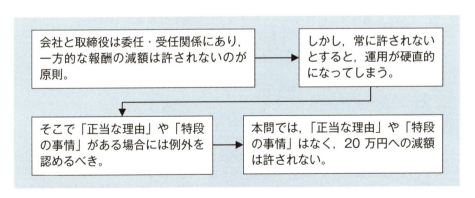

---

[34] この論点につき，詳しくはリークエ229頁，田中251頁。

第2部　実践編

　この問題で一番やってはいけないことは，取締役の報酬の問題だからといって，やみくもにお手盛りの問題にひきつけ，前提事項として述べるべき取締役会へ報酬額の決定を一任することの可否を長々と論じてしまうことです。分からない問題が出ても，キーワードに飛びつくことのないようにしてください。

2　設問2
　それでは次に設問2にたどりつくまでの問題文を読んでいきましょう。

6．代表取締役から解職されたAは，甲社の株主として，定時株主総会において，Aの解職に賛成したBら3名を取締役から解任しようと考え，Bら3名の取締役の解任及びその後任の取締役の選任をいずれも株主総会の目的とすることを請求するとともに，これらに関する議案の要領をいずれも定時株主総会の招集通知に記載するように請求した。甲社の定時株主総会の招集通知には，会社提案として，海外事業の失敗を理由とするAの取締役の解任に関する議案①が，Aの株主提案として，上記Bら3名の取締役の解任に関する議案及びその後任の取締役の選任に関する議案が，それぞれ記載されていた。

①先ほどの経営判断原則に関する問題。

7．甲社の定時株主総会においては，Aの取締役の解任に関する議案は可決①され，上記Bら3名の取締役の解任に関する議案及びその後任の取締役の選任に関する議案はいずれも否決された。なお，Aの取締役としての任期は，8年残っていた②。

②損害額に関係しそう。

〔設問2〕
(1)　上記7の定時株主総会において取締役から解任されたAが，甲社に対し，解任が不当であると主張し，損害賠償請求をした場合における甲社のAに対する会社法上の損害賠償責任について，論じなさい。
(2)　仮に，上記6の定時株主総会の招集通知が発せられた後，Aが多額の会社資金を流用していたことが明らかとなったことから，Aが，Aの取締役の解任に関する議案が可決されることを恐れ，旧知の仲である甲社の株主数名に対し，定時株主総会を欠席するように要請し，その結果，定時株主総会が，定足数を満たさず，流会となったとする④。この場合において，①Bが，甲社の株主として，訴えをもってAの取締役の解任を請求する際の手続③について，説明した上で，②

③854条に沿った手続を書く。

138

この訴えに関して考えられる会社法上の問題点④について、論じなさい。

④否決されていない。

(1) 小問(1)
ア 考え方

これは取締役の解任に関する問題[35]です。典型論点ではないので，条文からスタートしましょう。339条です。

1項では，取締役等の役員はいつでも理由なく解任されうることが規定されています。

本問の中心は2項です。ここでは解任に「正当な理由」なき限り，解任された取締役は会社に対して損害賠償請求をすることができると規定されています。本問では，まさに取締役から解任されたAの甲社に対する損害賠償請求の可否が問われているのですから，この条文について解釈すれば良いでしょう。

そしてお気づきのように，問題となるのは，「正当な理由」の意義です。いつも通り条文の趣旨から考えていきましょう。

339条1項により取締役は何らの理由なく解任されてしまいます。しかしそれでは取締役にとって酷なので，損害賠償請求を認め，取締役を保護することが同条2項の趣旨であると考えられます。そこで，「正当な理由」とは，任務懈怠など取締役に保護に値しない帰責事由がある場合をいう，と考えることが出来そうです。

本問では，事実2で「Aは，事業の海外展開を行うために必要かつ十分な調査を行い，その調査結果に基づき，事業の海外展開を行うリスクも適切に評価して，取締役会において，事業の拡大のために海外展開を行う旨の議案を提出した。」という事情があるので，Aに任務懈怠はなさそうです。つまり，Aを解任する「正当な理由」はなく，Aの請求は認められると考えられます。

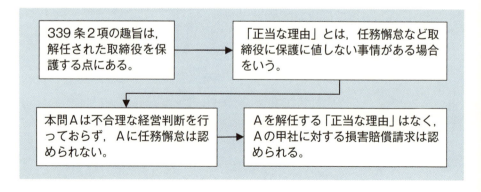

---

[35] この点につき，詳しくはリークエ171頁，田中209頁。

イ　損害額の検討[36]

損害額についての検討も忘れないようにしましょう。損害額に関する記述は差がつくところです。

本問で問題になるのは解任されたことによる損害ですから，解任されなければ得られたはずの損害，すなわち残っていた任期（8年間）の報酬額と考えられます。

設問1小問(2)でAの報酬額を月額50万円と考えたなら，50万円×12ヶ月×8年＝4800万円と考えるのが1つの筋でしょう。

(2)　小問(2)

ここでは2つのことが問われています。つまり，①解任の訴えの手続と②本問で解任の訴えを提起する場合の問題点です。

ア　①解任の訴えの手続

①については854条1項・2項に示された要件を説明すれば良いでしょう。具体的には，本件に則して見ると，a)役員……の職務の執行に関し不正の行為又は法令……に違反する重大な事実……があったこと，b)当該役員を解任する旨の議案が株主総会において否決されたこと，c)当該株主総会の日から30日以内に訴えを提起すること，d)Bが総株主の議決権の「100分の3以上」の議決権を有することです（甲社は非公開会社であるため，6箇月の保有期間要件はありません）。

イ　②本問で解任の訴えを提起する場合の問題点

このうち本件で特に問題となるのはb)です。なぜなら本問では，甲社の定時株主総会が，定足数を満たさず流会となっており，Aを解任する旨の議案が株主総会において否決されていないからです。

そのため形式的には解任の訴えを提起する要件を満たしていないのです。

しかしこの結論を容認すると，Aは横領行為を行っているのに取締役であり続けることになり不当でしょう。そこで結論を修正すべきではないか，という問題意識が出てくるのです。

854条の定める解任の訴えの制度趣旨は，役員が不正な職務執行をしているのに，当該役員及びその関係者が多数派を占めていることから株主総会で解任が

---

[36] この論点につき，詳しくはリークエ171頁，田中209頁。

できない場合に、中立の立場にある裁判所による解任を認めることで、会社及び少数株主の利益を保護する点にあります。そこで、当該役員及びその関係者が不当な行為により株主総会の開催を不可能にした場合も趣旨が妥当するとして、854条1項の類推適用により解任の訴えを提起しうると考えることが出来るでしょう。

よって本問でもBはAの解任の訴えを提起することができそうです。

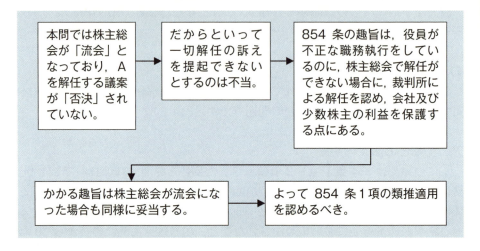

3 設問3

最後に、設問3にたどりつくまでの問題文を読んでいきましょう。

8. 甲社は、内紛が解決した後、順調に業績が伸び、複数回の組織再編を経て、会社法上の公開会社となり①、金融商品取引所にその発行する株式を上場した。現在、甲社の資本金の額は20億円で、従業員数は3000名を超え、甲社は監査役会及び会計監査人を置いており、Cが代表取締役社長を、Dが取締役副社長を、それぞれ務めている。

①この辺りはCとDに共通する事情。

9. 甲社の取締役会は「内部統制システム構築の基本方針」を決定しており①、甲社は、これに従い、法務・コンプライアンス部門を設け、Dが同部門を担当②している。また、甲社は、内部通報制度を設けたり、役員及び従業員向けのコンプライアンス研修を定期的に実施するなどして、法令遵守に向けた取組を実施している。さらに、甲社は、現在、総合建設業を営んでい

②Dの役割に着目。

るところ，下請業者との癒着を防止するため，同規模かつ同業種の上場会社と同等の社内規則を制定しており，これに従った体制を整備し，運用している①。
10. 甲社の内部通報制度の担当者は，平成27年3月末に，甲社の営業部長を務めるEが下請業者である乙株式会社（以下「乙社」という。）の代表取締役を務めるFと謀り，甲社が乙社に対して発注した下請工事（以下「本件下請工事」という。）の代金を水増しした上で，本件下請工事の代金の一部を着服しようとしているとの甲社の従業員の実名による通報（以下「本件通報」という。）があった旨をDに報告③した。ところが，その報告を受けたDは，これまで，甲社において，そのような不正行為が生じたことがなかったこと，会計監査人からもそのような不正行為をうかがわせる指摘を受けたことがなかったこと，EがDの後任の営業部長であり，かつて直属の部下であったEに信頼を置いていたことから，本件通報には信ぴょう性がないと考え，本件下請工事や本件通報については，法務・コンプライアンス部門に対して調査を指示せず，Cを含む他の取締役及び監査役にも知らせなかった④。

③Dに関する事情。

④このDの行為は不適切ではないか。

11. 甲社の内部通報制度の担当者は，その後，Dから，法務・コンプライアンス部門に対し，本件下請工事や本件通報についての調査の指示がなかったことから，平成27年5月に，本件通報があった旨をCにも報告した。その報告を受けたCは，直ちに，本件下請工事や本件通報について，法務・コンプライアンス部門に対して調査を指示した⑤。

⑤Cはなすべきことをやっている。

12. 甲社の法務・コンプライアンス部門が調査をした結果，2週間程度で，以下のとおり，EとFが謀り，本件下請工事について不正行為をしていたことが判明した。
    (1) EとFは，本件下請工事について，合理的な代金が1億5000万円であることを理解していたにもかかわらず，代金を5000万円水増し⑥して，2億円と偽り，水増しした5000万円を後に二人で着服することをあらかじめ合意していた。

⑥Eらの偽装工作。

    (2) 甲社の社内規則上，甲社が発注する下請工事の代金が1億円以上となると，複数社から見積りを取得する必要が生じることから，Eが，Fに対し，本件下請工事について，形式上，工事を三つに分割して見積書を3通作成することを指示⑥し，乙社は，①第一工事の代金を8000万円，②第二工事の代金を5000万円，③第三工事の代金を7000万円として，本件下請工事について代金が合計2億円となるように3通の

第2部　実践編

見積書を作成し，甲社に提出した。
(3)　Eは，甲社の関係部署を巧妙に欺き，3通の見積書がそれぞれ別工事に関わるものであると誤信させた⑥。これにより，甲社は，平成 26 年 9 月に，乙社との間で，上記の各見積書に基づき 3 通の注文書と注文請書を取り交わした上で，以後，乙社に対し，毎月末の出来高に応じて翌月末に本件下請工事の代金を支払っていった⑦。

⑦損害額に関係しそう。

(4)　甲社は，本件下請工事が完成したことから，乙社に対し，平成 27 年 4 月末に残金合計 3000 万円を支払い，その後，EとFが，甲社が乙社に対して支払った本件下請工事の代金から 5000 万円を着服した⑦。
(5)　甲社の会計監査人は，平成 27 年 1 月に，乙社に対し，甲社の平成 26 年 12 月期の事業年度の計算書類及びその附属明細書等の監査のために，本件下請工事の代金の残高についての照会書面を直接郵送し，回答書面の直接返送を求める方法で監査を行ったが，Eは，Fに対し，回答書面にEが指定した金額を記載して返送するように指示をするなど，不正が発覚することを防止するための偽装工作を行っていた⑧。

⑧巧妙な偽装工作ゆえ，通常では発見するのは困難そう。

〔設問3〕　上記 8 から 12 までを前提として，①Cの甲社に対する会社法上の損害賠償責任及び②Dの甲社に対する会社法上の損害賠償責任について，それぞれ論じなさい。

(1)　方針

423 条 1 項にかかる任務懈怠の問題ですから，点数の稼ぎどころです。しかし多くの受験生は時間不足のため，思うように書ききれなかったようです。これを本番でやってしまうと非常にもったいないです。設問 2 小問(2)のような現場思考問題より，設問 3 の任務懈怠の問題の方が確実に点数が取れますから，時間が無いと思ったら，設問 2 小問(2)を切り上げてでも設問 3 に時間をかけるべきだったと思います。試験現場ではそういった判断も必要なのではないでしょうか。

(2)　C・Dに共通する事情

まずCとDに共通する事情ついて検討しましょう。

本問は，任務懈怠の問題のうち，**内部統制システム**[37]に関するものです。参考になる判例として，最判平21.7.9（百選52事件）があり，以下のように判示しています。

■最判平21.7.9（百選52事件）
【判旨】
　「**本件不正行為当時，上告人は**，①職務分掌規定等を定めて事業部門と財務部門を分離し，②Ｃ事業部について，営業部とは別に注文書や検収書の形式面の確認を担当するＢＭ課及びソフトの稼働確認を担当するＣＲ部を設置し，それらのチェックを経て財務部に売上報告がされる体制を整え，③監査法人との間で監査契約を締結し，当該監査法人及び上告人の財務部が，それぞれ定期的に，販売会社あてに売掛金残高確認書の用紙を郵送し，その返送を受ける方法で売掛金残高を確認することとしていたというのであるから，上告人は，**通常想定される架空売上げの計上等の不正行為を防止し得る程度の管理体制は整えていたものということができる**。そして，**本件不正行為は**，Ｃ事業部の部長がその部下である営業担当者数名と共謀して，販売会社の偽造印を用いて注文書等を偽造し，ＢＭ課の担当者を欺いて財務部に架空の売上報告をさせたというもので，営業社員らが言葉巧みに販売会社の担当者を欺いて，監査法人及び財務部が販売会社あてに郵送した売掛金残高確認書の用紙を未開封のまま回収し，金額を記入して偽造印を押捺した同用紙を監査法人又は財務部に送付し，見掛け上は上告人の売掛金額と販売会社の買掛金額が一致するように**巧妙に偽装するという，通常容易に想定し難い方法**によるものであったということができる。
　また，本件以前に同様の手法による不正行為が行われたことがあったなど，**上告人の代表取締役であるＡにおいて本件不正行為の発生を予見すべきであったという特別な事情も見当たらない**。
　さらに，前記事実関係によれば，売掛金債権の回収遅延につきＢらが挙げていた理由は合理的なもので，販売会社との間で過去に紛争が生じたことがなく，監査法人も上告人の財務諸表につき適正であるとの意見を表明していたというのであるから，財務部が，Ｂらによる巧妙な偽装工作の結果，販売会社から適正な売掛金残高確認書を受領しているものと認識し，直接販売会

---

[37] この論点につき，詳しくはリークエ235頁，田中267頁。

> 社に売掛金債権の存在等を確認しなかったとしても，財務部におけるリスク管理体制が機能していなかったということはできない。
> 　以上によれば，上告人の代表取締役であるAに，Bらによる本件不正行為を防止するためのリスク管理体制を構築すべき義務に違反した過失があるということはできない。

　内部統制システムの問題を検討するにあたっては，①体制整備義務と②運用義務を分けて検討することが必要とされています（最判平21.7.9　百選52事件の解説参照）。
　本問では①についてはCとDで共通するものの，②については両者の地位・役割に応じて別個に検討することが必要でしょう。
　①について見ると，この当時の甲社は資本金20億円の大会社（2条6号イ）ですから，取締役会で内部統制システムの構築が必要となります（362条4項6号，会社法施行規則100条）。もっとも，甲社の取締役会は「内部統制システム構築の基本方針」を決定しており，この点に問題はないでしょう。
　こういった一見細かいように見える条文操作も積極的に行うべきです。なぜなら任務懈怠に関する問題は多くの受験生がそれなりの答案を作成できますから，一歩踏み込んだ記述をしないと高得点を取れないためです。
　もっとも，この記述は事前に準備できるものですから，もう一歩先に進むために，挑戦してみていただきたいと思います。

(3) Cの責任について

　では次にCについて，内部統制システムの運用義務（②）に違反したか検討してみましょう。

ア　役員等

　まず，Cは甲社の取締役として「役員等」（423条1項）にあたります。

イ　任務懈怠の有無

　Cは甲社の代表取締役社長として大きな権限を有しています。もっとも法務・コンプライアンス部門を担当しているのはDであり，Cが不正行為の兆候について詳細に知ることは難しいと思われます。ですから，Cとしては不正の兆候を知った時点で適切な対応をとるべき任務を負っているにとどまると考えるこ

とも可能でしょう。
　そしてCは通報を受けた後,「直ちに,本件下請工事や本件通報について,法務・コンプライアンス部門に対して調査を指示」しており,かかる任務を怠ったとは言えないでしょう。
　よってCに任務懈怠はなく,甲社に対する責任は負わないでしょう。

(4)　Dの責任について
　最後にDについて検討します。

ア　役員等
　Dも甲社の取締役として「役員等」(423条1項) にあたります。

イ　任務懈怠の有無
　Dは甲社の法務・コンプライアンス部門を担当しており,多くの情報に接することの出来る地位にありますから,他の取締役と比べてもコンプライアンスに関する事項については特に慎重を期さなければならないという任務を有しているというべきでしょう。
　それにもかかわらず,Dは甲社の従業員による実名の通報があったのに,これまでそのような不正行為が生じたことがなかったこと,会計監査人からも指摘を受けたことがなかったこと,Eに信頼を置いていたという事情を過大に評価して,本件通報には信ぴょう性がないと考え,調査を指示せず,他の取締役及び監査役にも知らせていません。
　このようなDの行為は,コンプライアンスに関する事項について高度の責任を負う者の行為としては著しく軽率であると評価することも可能でしょう。そのように考えるなら,Dは上記の任務を怠ったとして甲社に対して責任を負うことになるでしょう。

ウ　帰責性・損害・因果関係
　まず帰責性については争いなく認められるでしょう。
　損害額については,時間が厳しいということもあり,現場では単純に水増し分の5000万円と考えることもやむを得ないでしょう。
　しかし,よく考えてみると本当にそれで良いのかについては疑問もあるところです。

第２部　実践編

第３　本年の問題のまとめ

　設問１小問(1)では基本的な論点が問われていたことから，しっかりと得点したいところです。一方小問(2)はお手盛りに引きずられないよう，基本原則から現場でしっかり考えることが必要でした。

　設問２小問(1)は条文をしっかり探して，法的三段論法を用いた論述ができれば良かったでしょう。小問(2)は，完全なる現場思考問題であったものの，条文の趣旨から規範を定立し，事実をあてはめるという鉄則を守れば十分合格答案を作成できたでしょう。

　設問３は，しっかりと得点を稼ぐことが必要な問題ですが，時間が厳しく，いかに時間を残して最後まで書ききれるかで勝負がついた問題だったと言えます。

　どの問題で得点を取るか，どこに時間をかけるかという戦略で合否を分けたとも考えられ，答案構成の段階でいかに落ち着いて戦略を立てるかが重要だったと言えるでしょう。

参考答案（現実的な答案）

第1　設問1
1　小問(1)
　本件の臨時取締役会には，①Aに対して招集通知がなされなかった，②取締役会の目的事項が記載されていないという問題点がある。そこでこれらが決議の無効事由となるか検討する。
(1)　まず②については，取締役が経営の専門家であり，たとえ目的事項についてあらかじめ知らなくとも取締役会の場で職務を遂行する責務を負っていることにかんがみれば，決議の瑕疵にはあたらないと考える。
(2)　次に①については368条1項に反するという瑕疵があるか。Aの解職について決議を行う取締役会においては，Aが公正中立な立場から議決権を行使することが期待できない特別利害関係取締役（369条2項）にあたることから，Aに対して招集通知を行う必要があるか問題となる。
　ア　368条1項の趣旨は，取締役に取締役会決議に参加する機会を与える点にある。
　　そこで，同項に反する瑕疵があるか否かは，招集通知の時点で取締役に取締役会決議に参加する機会を与える必要があったか否かによって決すべきと考える。
　イ　本問では，招集通知に取締役会の目的事項が記載されていなかったため，招集通知がなされた時点では，Aが特別利害関係取締役にあたるか否かは明らかではなかったはずである。そうだとすると，招集通知がなされた時点ではAは取締役会に出席すべき立場にあったのであり，取締役会に参加する機会を与える必要があったと言える。
　ウ　よってAが特別利害関係取締役にあたるとしても，Aに対して招集通知がなされなかったことには368条1項に反するという瑕疵がある。
(3)　ではかかる瑕疵が取締役会決議の無効事由となるか。
　ア　この点，瑕疵ある取締役会決議に関する規定が会社法上ないことから，民法の一般規定により原則として決議は無効と考える。もっとも迅速な意思決定の観点から，およそ取締役会に出席したとしても決議に影響がないと言える特段の事情がある場合には，例外的に

有効となると考える。
　イ　本件について見ると、確かにAは甲社の代表取締役社長として重大な影響力を有し、しかもAが反対票を投じれば3対3で決議は可決され得なかったとして特段の事情なく決議は無効になるとも思える。
　　しかし、決議の内容はAを代表取締役から解職することの是非であり、Aは公正中立な立場から議決権を行使することが期待できない特別利害関係取締役（369条2項）にあたる。そして特別利害関係取締役は議決権を行使できないのはもちろん、不当な影響を排除するため一切の発言をも禁止されると解する。そしてBの事前の根回しにより、Aを除いた過半数たる3名は確実に反対票を投じると考えられるから、およそAが取締役会に出席したとしても決議に影響がないと言える特段の事情があると言える。
　ウ　よって本件の臨時取締役会決議は有効である。
2　小問(2)
　(1)　まず、株主総会決議により取締役の報酬総額を定め、取締役会の決議によって役職ごとに一定額が定めることも、361条のお手盛り防止という趣旨に反しないので許容される。
　(2)　では、本問のように取締役会決議において一方的にAの報酬を月額150万円から20万円に減額することは許されるか。
　　まず、Aは適法に代表取締役から解職されている以上、代表取締役として月額150万円を請求することはできないと考える。
　(3)　そうだとしても、甲社の運用に反して月額20万円にまで減額することができるか。
　　ア　取締役の報酬額は委任契約の一内容をなすから、相手方の同意なき限り一方的に減額することは原則として許されない。もっとも常に変更が許されないとすると、運用が硬直的になり得るので、正当な理由がある場合は報酬の減額が許されると考える。
　　イ　本問について見ると、後述の通りAに取締役としての任務懈怠はなく、他の通常の取締役より低い額の報酬しか受け取れないとすることについての正当な理由は存在しない。
　　ウ　したがって20万円の減額については正当な理由はない。
　(4)　以上より、Aは甲社に対し月額50万円の報酬を請求できる。
第2　設問2
1　小問(1)

(1) Aは株主総会において取締役から解任されている（339条1項）が、それには正当な理由がないとして339条2項に基づき損害賠償を請求している。その額は月額50万円×12か月×残りの任期8年＝4800万円である。
(2) かかる請求が認められるためには解任に「正当な理由」がないことが必要であるが、Aの提案した海外展開事業が失敗していることから解任の正当な理由があるか問題となる。
　ア　この点、同項の根拠は取締役等役員の保護を図る点にあるから、正当な理由とは任務懈怠を指すと考える。そしてAの提案は経営判断であるところ、経営判断は複雑多様な事情に基づく総合判断であり会社が利益を追求するためには一定のリスクを伴うことは避けられない。それにもかかわらず広く事後的な責任追及をなしうると、取締役の判断が萎縮し会社の発展が阻害される。そこで行為当時の事情を基礎として、同一業界における取締役の知見経験を基準に、当該取締役の判断がその過程・内容において著しく不合理である場合に限り任務懈怠が認められると考える。
　イ　本問について見ると、Aは事業の海外展開を提案するにあたって必要かつ十分な調査を行い、リスクを適切に評価するなど取締役としてなすべき行為を行ったうえでかかる提案を行っている。そうだとすればAの判断はその過程・内容において著しく不合理であったということはできない。
　　したがって、Aに任務懈怠はない。
　ウ　以上より、Aの解任につき正当な理由はない。
(3) よってAの上記請求は認められる。
2　小問(2)
(1) ①について
　　甲社の議決権の100分の3以上を有する株主Bとしては、Aが会社資金の流用という不正な職務執行をしているとして、株主総会の日から30日以内にAの解任の訴えを裁判所に提起することが考えられる（854条1項、2項）。
(2) ②について
　ア　解任の訴えを提起するには、それ以前に株主総会で役員の解任を求める議案が否決されていることが必要である（同条1項柱書）。しかし本件では株主総会が開催されず、Aの解任を求める議案が否決されていない。そのため文言上解任の訴えを提起しえないとも思

える。
　　　しかしかかる制度の趣旨は，役員が不正な職務執行をしているのに，当該役員及びその関係者が多数派を占めていることから株主総会で解任ができない場合に，中立の立場にある裁判所による解任を認めることで，会社及び少数株主の利益を保護する点にある。そして，議案が否決された場合のみならず当該役員及びその関係者が不当な行為により株主総会の開催を不可能にした場合でもかかる趣旨は妥当する。そこでかかる場合には854条1項の類推適用により解任の訴えを提起しうると考える。
　　イ　本件について見るに，会社資金の流用等不正行為を行ったAは自らの解任を免れるため，旧知の仲である甲社株主数名に，株主総会に欠席するよう依頼しており，その結果定足数不足により株主総会の開催が不可能になっている。そうだとすれば，取締役たるA及びその関係者が不当な行為により株主総会の開催を不可能にしたと言えるので，Bは854条1項類推適用により，解任の訴えを提起できる。
第3　設問3
1　①Cの責任について
　(1)　Cは甲社の代表取締役社長として「役員等」（423条1項）にあたる。そこで，Cが甲社に対して同項に基づく責任を負わないかが問題となる。
　(2)　本問では本件下請工事の工費水増し及びE・Fの着服により会社に損害が生じているが，この点につきCに任務懈怠が認められるか。
　　ア　まず甲社は資本金20億円の大会社（2条6号イ）であるから，取締役会で内部統制システムの構築が必要である（362条4項6号，会社法施行規則100条）。そして甲社の取締役会は「内部統制システム構築の基本方針」を決定しており，この点に問題はない。
　　　　そしてかかるシステムの構築が要求される根拠は，役員などが全職員の職務執行を監督することは困難である点にあるから，これが構築された場合，疑いを差し挟むべき特段の事情なき限り，システム通りに職務が遂行されていると信頼することは許されると考える。
　　イ　本問について見ると，たしかに，Cは甲社の代表取締役であり，全ての部門を包括的に監督すべき地位にあったといえる。
　　　　しかし，同社の法務・コンプライアンス部門を担当していたのは

Dであるところ、DはCに本件通報の存在を知らせていなかった。そのため、Cが同部門の内情につき詳細に知っていることは期待できない。また、甲社では法令遵守（順守）に向けた取組が実施され、社内規則に従った整備・運用がなされていた。加えて、工費水増しなどにつきEらが巧妙に偽装工作を行っていたことに照らせば、Cに疑いを差し挟むべき事情はなかったと言える。加えてCは本件通報の存在を知った後直ちに調査を指示するなど、取締役としてなすべき行動を行っていると言える。

　ウ　以上にかんがみると、Cには任務懈怠を認めることはできない。
(3)　したがってCは423条1項に基づく責任を負わない。
2　②Dの責任について
(1)　Dも代表取締役副社長として甲社の「役員等」(423条1項) にあたる。そこで同項に基づく責任を負わないか。上述と同様に判断する。
(2)　Dは甲社の法務・コンプライアンス部門を担当している取締役であった。そのためコンプライアンス違反を疑わせる事情につき特に詳しく調査する義務を負っていた。

　そして本件通報によりシステムに反する職務執行がなされていないとの疑いを差し挟むべき事情を認識したと言える。しかるにDは、本件通報を受けたにもかかわらず、過去に不正が起きていないこと、会計監査人からの指摘がないこと、営業部長であるEを個人的に信頼しているとの事情のみで安易に信ぴょう性がないと判断し、C及び他の取締役、監査役にその存在を知らせることすらしていない。しかも本件通報は甲社の従業員が実名で行っており、信ぴょう性の有無について判断するなら、通報を行った者に直接事情を聞くことも可能であったのに軽率にもDはこれを行っていない。

　そうだとするとDは取締役として尽くすべき義務を尽くしていたとは言えず任務懈怠が認められる。
(3)　そしてこの点につきDには少なくとも帰責性が認められる (428条1項参照)。
(4)　また甲社には着服された5000万円の損害が生じており、任務懈怠との因果関係もある。
(5)　以上よりDは甲社に対し、423条1項に基づき5000万円の損害賠償責任を負う。

以上

第4　2周目の解説

さて，現場で対応することは難しいものの理解を深めるために有益と思われる事項について考えてみましょう。

1　設問1小問(2)　最判平4.12.18（百選62事件）[38]

この問題の基盤には最判平4.12.18（百選62事件）があったようです。この判例は以下のように判示しています。

> ■最判平4.12.18（百選62事件）
> 【判旨】
> 　株式会社において，定款又は株主総会の決議……によって取締役の報酬額が具体的に定められた場合には，その報酬額は，会社と取締役間の契約内容となり，契約当事者である会社と取締役の双方を拘束するから，その後株主総会が当該取締役の報酬につきこれを無報酬とする旨の決議をしたとしても，当該取締役は，これに同意しない限り，右報酬の請求権を失うものではないと解するのが相当である。この理は，取締役の職務内容に著しい変更があり，それを前提に右株主総会決議がされた場合であっても異ならない。

ここから，本問の問題は取締役たるAに，役職変動に伴う報酬減額の同意があったか否かという点にあったことが分かります。常に減額を許さないとすると，運用が硬直的になりうるという不都合性については，黙示の同意の有無というかたちで論述することも考えられるでしょう。

本問では20万円への減額は甲社の運用に反するものであり，これにつきAに黙示の同意すらなかったと考えられるため，やはりAは甲社に対して50万円を請求できることになりそうです。

2　設問2小問(1)　経営判断原則と「正当な理由」[39]

実はこの小問の問題意識は，そもそも取締役の任務懈怠が解任の「正当な理由」に含まれうるのか，という点にもあったようです。

1周目の解説では当然に含まれるとの前提でしたが，その前提には疑問があ

---

[38] この判例につき，詳しくはリークエ229頁，田中251頁。
[39] この論点につき，詳しくは最判昭57.1.21　百選44事件の解説参照。

るということです。

　ですから,論述においてはそもそも**取締役が著しく不合理な経営判断をしたことが,339条2項の「正当な理由」に含まれうるのか**,ということを述べる必要があったのです。

　ただ本問については,いずれの立場を採ったとしても,結局Aの経営判断に不合理な点はなかった以上,Aの請求は認められることになります。

　仮にこの論点に気付いたとしても,結論に差異がない以上,簡潔に記載すれば足りたでしょう。

　さらに損害額について,8年分全てについて請求できるとして良いのかという問題意識もあるようですが,全て請求することができるのが原則であると考えて良いようです[40]。

3　設問2小問(2)
(1)　小問①について
　一見簡単そうに見えますが,出題趣旨によると,細かい手続的事項についての記述が求められていたようです。

　つまり,解任の訴えについては**会社及び当該役員を被告とすること**(855条),**監査役が会社を代表すること**(386条1項1号),**会社の本店の所在地を管轄する地方裁判所に訴えを提起すべきこと**(856条)についての記述が求められていました。

(2)　小問②について
　この問題については,高松高決平18.11.27が参考となります。同決定は以下のように述べています。

> ■高松高決平18.11.27
> 【判旨】
> 　「役員解任議案が「株主総会で否決されたとき」とは,議案とされた当該役員の解任決議が成立しなかった場合をいい,多数派株主の欠席により定足数が不足したり,定足数を充たしているにもかかわらず議長が一方的に閉会

---

[40] この論点につき,詳しくはリークエ171頁,田中209頁。

> を宣言するなどして流会となった場合をも含むと解するのが相当である。なぜなら、「株主総会で否決されたとき」の意義について、定足数の出席を得て解散議案を上程し、これを審議した上で決議が成立しなかった場合でなければならないと解するとすれば、多数派株主が株主総会をボイコットすることにより、取締役解任の訴えの提起を妨害することが可能となり、相当ではないからである。」
>
> 「また、役員の職務の執行に関し「不正の行為又は法令若しくは定款に違反する重大な事実」とは、役員の職務の執行に直接又は間接に関連して、役員がその義務に違反して会社に損害を与える故意の行為又は法令若しくは定款の重大な違反があったことをいい、軽微な違反は含まれないと解される。なぜなら、軽微な違反についてまで裁判所の介入を認めることは、株主総会の自治を侵すことになって相当でないからである。」

この決定からは2つのことを読み取ることができます。
① 「株主総会で否決されたとき」には流会を含みうること。
② 役員の職務の執行に関し「不正の行為又は法令若しくは定款に違反する重大な事実」とは、役員の職務の執行に直接又は間接に関連して、役員がその義務に違反して会社に損害を与える故意の行為又は法令若しくは定款の重大な違反があったことをいい、軽微な違反は含まれないこと。

①については、結果として1周目の解説で述べたように現場思考で対応できる問題でした。②についても、本問ではAによる多額の会社資金流用という横領・背任にあたりうる行為がなされていることから、要件を満たしていると言えそうです。もっとも、後半についての言及は難しかったと言えるでしょう。

4　設問3　損害額

1周目の解説では損害額を5000万円としましたが、実は、Dの任務懈怠がなかったとしても防げた未払代金は3000万円にすぎません。なぜなら、内部通報があったのが平成27年3月末であり、「残金」3000万円が支払われたのが同年4月末であったということは、着服された5000万円のうち2000万円は内部通報前に支払われてしまっていることを意味しているからです。つまり、2000万円については、内部通報にすぐ対応しても防ぐことはできなかった損害として因果関係が否定されるのです。

ですから，Dの任務懈怠と因果関係のある損害は3000万円にとどまると考えることも出来るのです。

第2部　実践編

 参考答案（出題趣旨を踏まえつつ修正した答案）

第1　設問1
1　小問(1)
　　本件の臨時取締役会には、①Aに対して招集通知がなされなかった、②取締役会の目的事項が記載されていないという問題点がある。そこでこれらが決議の無効事由となるか検討する。
(1)　まず②については、取締役が経営の専門家であり、たとえ目的事項についてあらかじめ知らなくとも取締役会の場で職務を遂行する責務を負っていることにかんがみれば、決議の瑕疵にはあたらないと考える。
(2)　次に①については368条1項に反するという瑕疵があるか。Aの解職について決議を行う取締役会においては、Aが公正中立な立場から議決権を行使することが期待できない特別利害関係取締役（369条2項）にあたることから、Aに対して招集通知を行う必要があるか問題となる。
　　ア　368条1項の趣旨は、取締役に取締役会決議に参加する機会を与える点にある。
　　　　そこで、同項に反する瑕疵があるか否かは、招集通知の時点で取締役に取締役会決議に参加する機会を与える必要があったか否かによって決すべきと考える。
　　イ　本問では、招集通知に取締役会の目的事項が記載されていなかったため、招集通知がなされた時点では、Aが特別利害関係取締役にあたるか否かは明らかではなかったはずである。そうだとすると、招集通知がなされた時点ではAは取締役会に出席すべき立場にあったのであり、取締役会に参加する機会を与える必要があったと言える。
　　ウ　よってAが特別利害関係取締役にあたるとしても、Aに対して招集通知がなされなかったことには368条1項に反するという瑕疵がある。
(3)　ではかかる瑕疵が取締役会決議の無効事由となるか。
　　ア　この点、瑕疵ある取締役会決議に関する規定が会社法上ないことから、民法の一般規定により原則として決議は無効と考える。もっとも迅速な意思決定の観点から、およそ取締役会に出席したとしても決議に影響がないと言える特段の事情がある場合には、例外的に

有効となると考える。
　イ　本件について見ると，確かにAは甲社の代表取締役社長として重大な影響力を有し，しかもAが反対票を投じれば3対3で決議は可決され得なかったとして特段の事情なく決議は無効になるとも思える。
　　　しかし，決議の内容はAを代表取締役から解職することの是非であり，Aは公正中立な立場から議決権を行使することが期待できない特別利害関係取締役（369条2項）にあたる。そして特別利害関係取締役は議決権を行使できないのはもちろん，不当な影響を排除するため一切の発言をも禁止されると解する。そしてBの事前の根回しにより，Aを除いた過半数たる3名は確実に反対票を投じると考えられるから，およそAが取締役会に出席したとしても決議に影響がないと言える特段の事情があると言える。
　ウ　よって本件の臨時取締役会決議は有効である。
2　小問(2)
(1)　まず，株主総会決議により取締役の報酬総額を定め，取締役会の決議によって役職ごとに一定額が定めることも，361条のお手盛り防止という趣旨に反しないので許容される。
(2)　では，本問のように取締役会決議において一方的にAの報酬を月額150万円から20万円に減額することは許されるか。
　　　まず，Aは適法に代表取締役から解職されている以上，代表取締役として月額150万円を請求することはできないと考える。
(3)　そうだとしても，甲社の運用に反して月額20万円にまで減額することができるか。
　ア　取締役の報酬額は委任契約の一内容をなすから，相手方の明示又は黙示の同意なき限り一方的に減額することは原則として許されない。そして役員報酬がその役職ごとに決まっているため，役職変動に伴う報酬額の変動が生じるという慣行があり，それを了知して取締役に就任したという場合には，役職変動に伴う報酬の減額につき黙示の同意を認定しうる。もっとも常に減額をなしうるとすれば恣意を排除できないので，役職変更の正当な理由がある場合に限り黙示の同意を肯定しうると考える。
　イ　本問について見ると，甲社取締役の報酬額について株主総会決議で定められた総額の最高限度額の範囲内で，取締役会決議により役職ごとに一定額が支給されるという運用がなされており，Aはこれ

を了知して取締役に就任したと考えられる。そのため正当な理由が認められる限り，報酬の減額を肯定できる。

　そして瑕疵なき取締役会決議で改めて代表取締役からの解職決議がなされている以上，代表取締役としての報酬を受け取ることができないことについては正当な理由がある。しかし，後述の通りAは取締役としての任務懈怠はなく，他の通常の取締役より低い額の報酬しか受け取れないとすることについての正当な理由は存在しない。

　したがって50万円への減額については正当な理由があるものの20万円の減額については正当な理由がなく，50万円への減額の限度でAの黙示の同意を肯定できる。

(4) 以上より，Aは甲社に対し月額50万円の報酬を請求できる。

第2　設問2
1　小問(1)

(1) Aは株主総会において取締役から解任されている（339条1項）が，それには正当な理由がないとして339条2項に基づき損害賠償を請求している。その額は月額50万円×12か月×残りの任期8年＝4800万円である。

(2) かかる請求が認められるためには解任に「正当な理由」がないことが必要であるが，経営に失敗したことが解任の「正当な理由」にあたりうるか。

　この点，取締役の解任は，経営に失敗した取締役に対して，株主がサンクションを加えるための手段と考えられるから，経営に失敗したことも解任の「正当な理由」にあたりうると考える。

(3) そこで，Aの提案した海外展開事業が失敗していることから解任の正当な理由があるか問題となる。

　ア　この点，同項の根拠は取締役等役員の保護を図る点にあるから，正当な理由とは任務懈怠を指すと考える。そしてAの提案は経営判断であるところ，経営判断は複雑多様な事情に基づく総合判断であり会社が利益を追求するためには一定のリスクを伴うことは避けられない。それにもかかわらず広く事後的な責任追及をなしうると，取締役の判断が萎縮し会社の発展が阻害される。そこで行為当時の事情を基礎として，同一業界における取締役の知見経験を基準に，当該取締役の判断がその過程・内容において著しく不合理である場合に限り任務懈怠が認められると考える。

イ　本問について見ると，Aは事業の海外展開を提案するにあたって必要かつ十分な調査を行い，リスクを適切に評価するなど取締役としてなすべき行為を行ったうえでかかる提案を行っている。そうだとすればAの判断はその過程・内容において著しく不合理であったということはできない。
　　　したがって，Aに任務懈怠はない。
　ウ　以上より，Aの解任につき正当な理由はない。
(4)　よってAの上記請求は認められる。
2　小問(2)
 (1)　①について
　ア　甲社の議決権の100分の3以上を有する株主Bとしては，Aが会社資金の流用という不正な職務執行をしているとして，株主総会の日から30日以内にAの解任の訴えを裁判所に提起することが考えられる（854条1項，2項）。
　イ　この際，Bは甲社及びAを被告とすべきである（855条）。
　ウ　一方甲社は監査役が会社を代表する必要がある（386条1項1号）。
　エ　さらにBは甲社の本店の所在地を管轄する地方裁判所に訴えを提起すべきである（856条）。
 (2)　②について
　ア　解任の訴えを提起するには，それ以前に株主総会で役員の解任を求める議案が否決されていることが必要である（854条1項柱書）。しかし本件では株主総会が開催されず，Aの解任を求める議案が否決されていない。そのため文言上解任の訴えを提起しえないとも思える。
　　(ｱ)　しかしかかる制度の趣旨は，役員が不正な職務執行をしているのに，当該役員及びその関係者が多数派を占めていることから株主総会で解任ができない場合に，中立の立場にある裁判所による解任を認めることで，会社及び少数株主の利益を保護する点にある。そして，議案が否決された場合のみならず当該役員及びその関係者が不当な行為により株主総会の開催を不可能にした場合でもかかる趣旨は妥当する。そこでかかる場合には854条1項の類推適用により解任の訴えを提起しうると考える。
　　(ｲ)　本件について見るに，会社資金の流用等不正行為を行ったAは自らの解任を免れるため，旧知の仲である甲社株主数名に，株

主総会に欠席するよう依頼しており、その結果定足数不足により株主総会の開催が不可能になっている。そうだとすれば、取締役たるA及びその関係者が不当な行為により株主総会の開催を不可能にしたと言える。
　イ　また、本問Aは多額の会社資金を流用しており、かかる行為は横領・背任にも該当する行為であるから、「役員……の職務の執行に関し不正の行為又は法令……に違反する重大な事実」があったと言える。
　ウ　よってBは854条1項類推適用により、解任の訴えを提起できる。

第3　設問3

1　①Cの責任について
(1)　Cは甲社の代表取締役社長として「役員等」(423条1項)にあたる。そこで、Cが甲社に対して同項に基づく責任を負わないかが問題となる。
(2)　本問では本件下請工事の工費水増し及びE・Fの着服により会社に損害が生じているが、この点につきCに任務懈怠が認められるか。
　ア　まず甲社は資本金20億円の大会社（2条6号イ）であるから、取締役会で内部統制システムの構築が必要である(362条4項6号、会社法施行規則100条)。そして甲社の取締役会は「内部統制システム構築の基本方針」を決定しており、この点に問題はない。
　　そしてかかるシステムの構築が要求される根拠は、役員などが全職員の職務執行を監督することは困難である点にあるから、これが構築された場合、疑いを差し挟むべき特段の事情なき限り、システム通りに職務が遂行されていると信頼することは許されると考える。
　イ　本問について見ると、たしかに、Cは甲社の代表取締役であり、全ての部門を包括的に監督すべき地位にあったといえる。
　　しかし、同社の法務・コンプライアンス部門を担当していたのはDであるところ、DはCに本件通報の存在を知らせていなかった。そのため、Cが同部門の内情につき詳細に知っていることは期待できない。また、甲社では法令遵守（順守）に向けた取組が実施され、社内規則に従った整備・運用がなされていた。加えて、工費水増しなどにつきEらが巧妙に偽装工作を行っていたことに照らせば、Cに疑いを差し挟むべき事情はなかったと言える。加えてCは本件通

報の存在を知った後直ちに調査を指示するなど，取締役としてなすべき行動を行っていると言える。
　　ウ　以上にかんがみると，Cには任務懈怠を認めることはできない。
 (3)　したがってCは423条1項に基づく責任を負わない。
2　②Dの責任について
 (1)　Dも代表取締役副社長として甲社の「役員等」（423条1項）にあたる。そこで同項に基づく責任を負わないか。上述と同様に判断する。
 (2)　Dは甲社の法務・コンプライアンス部門を担当している取締役であった。そのためコンプライアンス違反を疑わせる事情につき特に詳しく調査する義務を負っていた。
　　そして本件通報によりシステムに反する職務執行がなされていないとの疑いを差し挟むべき事情を認識したと言える。しかるにDは，本件通報を受けたにもかかわらず，過去に不正が起きていないこと，会計監査人からの指摘がないこと，営業部長であるEを個人的に信頼しているとの事情のみで安易に信ぴょう性がないと判断し，C及び他の取締役，監査役にその存在を知らせることすらしていない。しかも本件通報は甲社の従業員が実名で行っており，信ぴょう性の有無について判断するなら，通報を行った者に直接事情を聞くことも可能であったのに軽率にもDはこれを行っていない。
　　そうだとするとDは取締役として尽くすべき義務を尽くしていたとは言えず任務懈怠が認められる。
 (3)　そしてこの点につきDには少なくとも帰責性が認められる（428条1項参照）。
 (4)　ではDの任務懈怠により甲社に生じた損害額はいくらか。
　　この点，Dに対する内部通報があったのは平成27年3月末で，平成27年4月末に支払われた残金3000万円以外の代金については，内部通報の時点で既に支払われてしまっている。そして支払われてしまった代金については，もはやEやFに返還を請求することは難しい。すなわち着服された5000万円のうち，2000万円は内部通報前に支払われており，Dの任務懈怠と損害との間に因果関係が認められない。
 (5)　以上よりDは甲社に対し，423条1項に基づき3000万円の損害賠償責任を負う。

以上

おわりに

　直近3年分の問題に取り組みましたが，いかがだったでしょうか。
　確かに，出題趣旨や採点実感ではかなり高度の論述を求められている場合もありますが，これに応えられる受験生はほとんどいません。ですから，合格を目指すのであれば，基本的な論点を落とさない，あてはめに厚みを持たせる，知らない問題も何とか食らいつく，といった姿勢を示し，本書の【参考答案（現実的な答案）】として紹介したレベルの答案を現場で作成できれば十分であると考えています。
　本書では一貫して，知識に頼らず現場で考えて答案を作るという意識を持っていただきたいという思いを込めています。それが伝わっていれば嬉しく思います。
　そしてここまで読んでくださった方が，「これだけでいいの？」という感想を抱いてくだされば，本書の目的は十分に達成できたのではないかと思います。
　最後にもう一度，「合否を決めるのは知識の多寡ではなく，現場でどれだけ法的思考能力を示せるか否かにある」ということを確認して，本書の締めくくりとさせていただきます。
　合格を信じて，最後まであきらめずに頑張ってください！

巻末付録

論 点 集

　以下では，頻出と思われる論点を条文順に列挙します。

　これで試験の全てを網羅できるという性質のものではありませんが，この程度は知っておきたいというレベルのものです。また，これを常に論述に貼り付ければ良いというものではなく，具体的事案に応じてアレンジを加えることは必要です。

　単純な知識を除くと，ここに載っていない論点であれば，現場で考えれば足りるものであるといっても良いと思います。

　逆にここに載っている論点であれば，必ず試験では拾って論述を展開しなければいけません。つまりこれらの論点は，本書の最初に書いた，「毎年必ず出題される基本問題」に分類されます。

　ですから，ざっと見て知らない論点があれば，参照すべき書籍の頁を付しましたのでその部分を確認してください。「これくらい全て知っているよ！」という方は，合格するためには十分な知識をお持ちだと思うので，新しい知識を覚えるよりは，第1部（基礎確認編）で紹介したポイントを答案上で表現する練習をしていただければと思います。

1　22条の類推適用の可否[41]

　22条は会社の「商号」を続用する場合の規定であるところ，事業の「名称」を続用したに過ぎない場合にも，同条を類推適用できないか。
　同条の趣旨は，事業譲渡に際して商号の続用があると，外部から事業譲渡の存在を認識するのが容易でなく，仮に認識していても債務が譲受会社に移転したと信頼しやすいことから，このような商号に対する第三者の信頼を保護する点にある。
　そして，かかる趣旨は，事業の「名称」が続用された場合にも同様に妥当する。
　よって，事業の「名称」を続用した場合にも，同条を類推適用できると考える。

2　設立中の法律関係[42]

　成立後の会社に対して法律上の請求ができるためには，契約の効果が成立後の会社に帰属している必要がある。
　では，財産引受け（28条2号）の効果は成立後の会社に帰属するか。
　設立中の会社は成立後の会社と実質的に同一の存在と解されるから，設立中の会社に実質的に帰属していた法律関係は，当然に成立後の会社に帰属すると考える。
　では，かかる契約の効果が設立中の会社に帰属していたと言えるか。設立中の会社の実質的権利能力の範囲及び発起人の権限の範囲が問題となる。
　まず，設立中の会社は将来の開業を目的とするため，その実質的権利能力は事業行為にまでは及ばない。
　もっとも，会社は成立後直ちに事業をなしうるのが望ましいので，設立中の会社の実質的権利能力の範囲は，開業準備行為にまで及ぶと考える。
　そして，発起人は設立中の会社の執行機関であるから，その権限の範囲は設立中の会社の実質的権利能力の範囲と同様であると解する。
　もっとも，財産引受けは発起人の権限濫用により会社の利益を害するおそれがあるので，定款への記載又は記録（28条2号）及び検査薬の検査（33条4項）がなければ，権限外の行為として，効果は会社に帰属しないと解する。

---

[41] 詳しくは田中666頁。
[42] 詳しくはリークエ49頁，田中574頁。

3 見せ金[43]

　見せ金とは，発起人が払込取扱機関以外の者から現実に借り入れた金員を株式の払込みに充てて，会社を一旦成立させるものの，会社の成立後直ちにその払込金を引き出して借入金の返済に充てる行為をいう。かかる行為は208条1項の「払込み」として有効か。

　一連の行為を全体としてみると，これは払込みを仮装するための行為であるから，見せ金による払込みは無効と解する。

　もっとも，見せ金にあたるか否かは発起人の内心の問題であるため，①会社成立後，借入金返済までの期間の長短，②払込金を会社の資金として運用した事実の有無，③借入金の返済が会社の資金関係に及ぼす影響の有無などを考慮して，有効性を決すべきである。

4 名義書換の不当拒絶[44]

　会社が名義書換請求を不当に拒絶した場合，株主は会社に対して自己が株主であることを対抗できるか。

　130条1項，2項の趣旨は絶えず変動する株主を会社との関係で固定化し，会社の事務処理上の便宜を図る点にある。

　そこで，会社が名義書換請求を不当に拒絶した場合には，会社の保護を図る必要がないため，当該株主は会社に対して自己が株主であることを対抗できると考える。

---

[43] 詳しくはリークエ38頁，田中557頁。
[44] 詳しくはリークエ112頁，田中115頁。

5　自己株式取得における手続的瑕疵[45]

　自己株式取得における手続違反の瑕疵が，自己株式取得の効力に影響を及ぼすか。
　自己株式取得にかかる手続規制の制度趣旨は，換価困難な株式売却の機会平等を図り，会社に損害を与える意図を持った者などからの高値買取りを防止し，株主・会社を保護する点にある。
　そこで，このような趣旨を重視して，手続規制に反した自己株式取得は無効となると考える。
　もっとも，取引安全の観点より，規制に反した自己株式取得であることにつき買取りの相手方が善意である場合には，会社はその者に対して無効を主張できないと解する。

6　取締役会決議を欠く募集株式の発行[46]

　取締役会決議を欠く新株発行の効果をいかに解すべきか。
　授権資本制度の下，募集株式の発行は業務執行に準ずる行為であるうえ，外部からは取締役会決議の有無を認識することは容易ではない。
　そこで，取引安全のため，取締役会決議を欠く募集株式の発行も有効であると解する。

---

[45] 詳しくはリークエ 292 頁，田中 409 頁。
[46] 詳しくはリークエ 329 頁，田中 494 頁。

7　有利発行[47]

　「特に有利な金額」（199条3項）とはいかなる場合を言うのか。
　同条項の趣旨は、既存株主の経済的損失を回避する点にあるから、「特に有利な金額」とは払込価格とすべき公正な金額、すなわち資金調達目的を達成できる限度で既存株主にとって最も有利な金額を下回る金額を言うと解する。
　……
　では、株主総会特別決議を欠いたまま「特に有利な金額」で発行された株式の効力をいかに解するべきか。
　公開会社においては、募集株式の発行は会社の業務執行に準ずるものであり、一旦発行された株式を事後的に無効とすると著しく取引安全を害するので、株主総会特別決議を欠いて発行された株式も有効であると考える。
　一方、非公開会社においては、事後的に株式を無効としても取引安全を害することはないうえ、既存株主の持株比率維持の要請が強いから、株主総会特別決議を欠いて発行された株式は無効となると考える。

8　株主への通知・公告（201条3項、4項）を欠く募集株式発行の効力[48]

　株主に対する募集事項の通知・公告（201条3項、4項）を欠いたことは、募集株式発行の無効原因となるか。
　まず、取引安全の観点から、募集株式発行の無効原因は重大な法令・定款違反に限るべきである。
　そして、同項の趣旨は、株主に新株発行の差止めを請求する機会を与える点にあるところ、募集事項の通知・公告を欠けば、株主は新株発行自体を知ることができず、かかる趣旨を没却することになる。
　そこで、株主への通知・公告を欠く募集株式発行は原則として無効と解する。
　もっとも、差止めが認められない場合にまで無効とするのは取引安全を害するので、210条の差止事由がないことを会社が立証した場合は、例外的に有効と解するべきである。

---

[47] 詳しくはリークエ311、329頁、田中470、494頁。
[48] 詳しくはリークエ330頁、田中495頁。

9 「著しく不公正な方法」（210条2号）による発行の意義[49]

「著しく不公正な方法」（210条2号）による発行の意義をどのように解するべきか。

会社支配権の帰属につき争いがある場合に，会社支配権の維持強化を主要な目的として新株を発行することは，本来株主により選出されるはずの取締役が，自ら株主を選択し会社支配権の帰属を決定することになる点で，機関権限の分配を定めた法の趣旨に反することになる。

そこで，会社支配権の帰属につき争いがある場合に，会社支配権の維持強化を主要な目的として新株を発行することは，原則として「著しく不公正な方法」による株式の発行にあたると解する。

もっとも，敵対的買収者による会社の買収を防ぐために新株を発行する場合，株主全体の利益を保護するために会社支配権の維持強化を主要な目的として新株を発行する必要がある。

そこで，敵対的買収者が真摯に合理的な経営を目指しておらず，敵対的買収者による支配権獲得が会社に回復し難い損害をもたらすおそれのあるといった特段の事情がある場合には，会社支配権の維持強化を主要な目的とする新株発行も例外的に「著しく不公正な方法」による発行にあたらないと考える。

10 全員出席総会の効力[50]

株主総会の招集手続に瑕疵があったにもかかわらず，全株主が総会に出席した場合，かかる瑕疵は治癒されるか。

296条以下で，株主総会の招集手続について規定されている趣旨は，株主に総会出席の機会を保障し，その準備のための余裕を与える点にある。

そこで，招集手続に瑕疵があるときでも，株主全員が総会に出席した場合にはかかる趣旨は実現されているとして瑕疵は治癒されると解する。

---

[49] 詳しくはリークエ324，441頁，田中489，671頁。
[50] 詳しくはリークエ142頁，田中157頁。

11　株主総会における説明義務（314条）の範囲[51]

　取締役が，株主総会において株主からの質問に対する回答を拒んだことは，314条本文に反しないか。
　同条の趣旨は，株主が議案につき合理的判断を行ううえで必要な情報を取締役に提供させるため，株主に正当な質問をなす機会を保障し，株主総会の活性化を図る点にある。
　そこで，説明義務は，議案につき平均的な株主が合理的判断をなすために必要な範囲に及ぶと考える。
　もっとも，同条ただし書にあたる場合には説明を拒絶できる。

12　従業員に対する354条類推適用の可否・同条の「善意」の意義[52]

　……は〜社の「取締役」でないから，354条を直接適用することは出来ない。
　もっとも，同条の趣旨は，会社を代表する権限を有するかのような外観をもつ者と取引を行った者を保護するという権利外観法理にある。
　そして，かかる趣旨は取引を行った者が取締役でない場合にも同様に妥当する。
　そこで，会社の従業員が会社を代表する権限を有するかのような外観をもって取引を行った場合にも同条を類推適用すべきと考える。
　また，354条は単に「善意」と定めているものの，迅速性・取引安全が要求される商取引においては，重過失ある者は悪意者と同視しうるので，同条の「善意」とは善意無重過失を言うと解する。

---

[51] 詳しくはリークエ150頁，田中180頁。
[52] 詳しくはリークエ188頁，田中232頁。

13 競業取引（356条1項1号）[53]

　本件取引行為が356条1項1号に定める競業取引にあたるか。まず，「自己又は第三者のために」の意義が問題となる。
　同号の趣旨は，取締役が会社の事業の機密に通じ強大な権限を有していることから，競業取引を行うにあたって重要な事実の開示と取締役会の承認を要求することで会社の利益を保護することにある。そして，取締役が自己又は第三者の計算において競業取引を行えば，会社に経済的損失が生じることになるから，「自己又は第三者のために」とは自己又は第三者の計算においてという意義に解すべきである。
　……
　本件取引行為は，「株式会社の事業の部類に属する取引」にあたるか。
　上述の356条1項1号の趣旨にかんがみ，「株式会社の事業の部類に属する取引」とは，会社が実際に行う可能性のある事業と市場において取引が競合し，会社と取締役又は第三者との間に利益衝突をきたす可能性のある取引をいうと考える。

14 間接取引（356条1項3号）[54]

　……行為は，間接取引（356条1項3号）にあたるか。
　同号の趣旨は，取締役が会社利益の犠牲の下，自己又は第三者の利益を図ることを防止する点にある。そこで，会社と第三者との間の取引であっても，外形的・客観的に会社の犠牲において取締役に利益が生ずる形の行為については，間接取引（356条1項3号）に該当すると考える。
　……
　では，取締役会の承認を得ずになされた利益相反取引の効力をいかに解するべきか。
　同号の趣旨にかんがみれば，取締役会の承認を欠く利益相反行為は無効とすべきである。
　しかし，第三者にとっては取締役会の承認の有無は外部から明らかではないので，取引安全の観点から，①当該取引が利益相反取引に該当すること，及び②取締役会の承認を受けていないことを相手方が知っていたことを会社が主張立証して初めて，会社は相手方に対して取引の無効を主張できると解する。

---

[53] 詳しくはリークエ223頁，田中237頁。
[54] 詳しくはリークエ220, 222頁，田中240, 244頁。

15 報酬規制[55]

　株主総会の委任を受けた取締役会の決議によって，役職ごとに報酬額を定めることは許されるか。
　361条の趣旨は，取締役が自らの利益を自ら高く決定するというお手盛りを防止する点にある。
　そして，株主総会において，報酬額の上限を決定した場合には，総額がそれを上回るおそれがなくお手盛りによる弊害は防ぐことが出来る。
　よって，株主総会の委任を受けた取締役会の決議によって，役職ごとに報酬額を定めることは許されると考える。

16 取締役会決議を欠く代表取締役の行為の効力[56]

　代表取締役のかかる行為は会社の内部的意思決定を欠くにとどまるため，取引安全の観点から原則として有効であると考える。
　もっとも，相手方が取締役会決議の不存在につき悪意又は有過失である場合は無効となると解する。

17 取締役会決議を欠く代表取締役の行為の効力[57]

　かかる行為も客観的には取締役の権限の範囲内の行為であるから，原則として有効となると考える。
　しかし，かかる行為は，経済的効果を自己に帰属させようとする意思と表示との間に不一致がある点で心裡留保に類似するから，民法93条ただし書類推適用により，取引の相手方が当該取締役の真意を知りまたは知ることができたときは無効となると考える。

---

[55] 詳しくはリークエ 228 頁，田中 246 頁。
[56] 詳しくはリークエ 189 頁，田中 229 頁。
[57] 詳しくはリークエ 189 頁，田中 229 頁。

18 取締役会の招集通知の瑕疵の有無[58]

　368条1項の趣旨は，取締役会決議の公正性・適法性を担保するため，取締役に取締役会への出席の機会を与える点にある。
　そこで，かかる趣旨を没却するような方法でなされた招集通知は，同項に違反し取締役会決議の瑕疵にあたると考える。

19 手続上の瑕疵がある取締役会決議の効力[59]

　瑕疵ある取締役会決議の効力に関する規定が会社法上ないことから，当該決議は民法の一般規定により原則として無効と考える。
　もっとも，迅速な意思決定の観点から，当該瑕疵が，決議の結果に影響がないと言える特段の事情がある場合には，例外的に有効となると考える。

20 特別利害関係取締役の意義[60]

　369条2項の趣旨は，取締役の忠実義務違反を防止し，取締役会決議の公正を確保する点にある。
　そこで，特別利害関係取締役とは，忠実義務違反をもたらすおそれのある会社の利益と衝突する個人的利害関係を有する取締役を言うと解する。

---

[58] 詳しくはリークエ182頁，田中222頁。
[59] 詳しくはリークエ185頁，田中225頁。
[60] 詳しくはリークエ183頁，田中223頁。

21 経営判断原則[61]

　経営判断は複雑多様な事情に基づく総合判断であり，会社が利益を追求するためには一定のリスクを伴うことは避けられない。
　それにもかかわらず，広く事後的な責任追及をなしうるとすると，取締役の判断が萎縮し会社の発展が阻害される。
　そこで，行為当時の事情を基礎として，同一業界における取締役の知見経験を基準に，当該取締役の判断がその過程・内容において著しく不合理である場合に限り，善管注意義務違反（330条・民法644条）があるとして任務懈怠が認められると考える。

22 内部統制システム[62]

　大会社以外において内部統制システムを構築しなかったことや大会社などにおいて構築された内部統制システム（362条5項，4項6号）が不十分であったことが，任務懈怠にあたるか。
　会社の規模や事業の種類に応じて，存在するリスクは多種多様であるから，いかなる内部統制システムを構築するかは各取締役の裁量に委ねられると考える。
　もっとも，その判断の過程・内容が著しく不合理である場合には任務懈怠が認められると考える。
　構築された内部統制システムが適切であったとしても，これを適切に運用していなかった場合には任務懈怠が認められるか。
　内部統制システムの構築が要求される根拠は，役員などが全職員の職務執行を監督することは困難である点にあるから，かかるシステムが構築された場合，疑いを差し挟むべき特段の事情なき限り，システム通りに職務が遂行されていると信頼することは許されると考える。
　したがって，かかる事情がない限り，取締役は適切にシステムを運用しており任務懈怠は認められないと考える。

---

[61] 詳しくはリークエ231頁，田中259頁。
[62] 詳しくはリークエ234頁，田中265頁。

23 監視義務[63]

各取締役は，代表取締役の職務執行を監督する義務を負う（362条2項2号）取締役会の構成員である（同条1項）から，他の取締役の監督義務を負う。

また，取締役は取締役会の招集権限を有する（366条1項）ので，取締役会に上程されていない事項についても監視すべき義務を負うと考える。

24 「悪意又は重大な過失」（429条1項）の対象[64]

「悪意又は重大な過失」（429条1項）はいかなる事項につき存する必要があるか。

同項の趣旨は，株式会社が経済社会において重要な地位を占めており，その活動が取締役などの職務執行に依存していることにかんがみ，取締役らの責任を加重して第三者を保護する点にある。

そこで，「悪意又は重大な過失」は，第三者に対する加害の事実ではなく，任務懈怠につき存すれば良いと考える。

25 「損害」（429条1項）の範囲[65]

429条1項の「損害」には，いかなるものが含まれるか。

同項の趣旨は，株式会社が経済社会において重要な地位を占めており，その活動が取締役などの職務執行に依存していることにかんがみ，取締役らの責任を加重して第三者を保護する点にある。

そこで，「損害」には，広く直接損害に加えて間接損害も含まれると解する。

---

[63] 詳しくはリークエ 233 頁，田中 263 頁。
[64] 詳しくはリークエ 250 頁，田中 351 頁。
[65] 詳しくはリークエ 250 頁，田中 353 頁。

26 「第三者」（429条1項）の範囲[66]

429条1項の「第三者」に株主は含まれるか。

仮に株主が「第三者」に含まれると解すると，株主が，会社の役員等に対する損害賠償請求権を奪うことになりかねない。

また，株主は株主代表訴訟において，「役員等」に対する責任追及が可能であるから，429条1項に基づく請求を認める必要はない。

よって，「第三者」には株主は含まれないと考える。

27 事業譲渡（467条1項）の意義・株主総会特別決議を欠く事業譲渡の効果[67]

法解釈の統一性の観点から，事業譲渡（467条1項）とは，一定の営業目的のため組織化され，有機的一体として機能する財産の全部または重要な一部を譲渡し，これによって譲受会社が事業を承継するものをいうと解する。

なお，競業避止義務を課さない特約を付すことで事業譲渡に要求される株主総会特別決議を回避することを防ぐため，譲渡会社が競業避止義務を負う結果を伴うという要件は不要と解する。

……

そして，株主総会特別決議を欠く事業譲渡の効力が問題となるが，株主・債権者等の保護の観点から，株主総会特別決議を欠く事業譲渡は無効であると考える。

---

[66] 詳しくはリークエ251頁，田中354頁。
[67] 詳しくはリークエ434頁，田中658頁。

28　合併無効の訴え（828条1項7号，8号）[68]

　合併比率が不当であることが合併の無効事由となるか。
　法的安定性を確保するという合併無効の訴え（828条1項7号，8号）の趣旨にかんがみ，無効事由は重大な瑕疵に限るべきである。
　そして，合併比率が不当であっても，反対株主には株主買取請求権（785条1項等）の行使により投下資本を回収する途が認められているので，これは重大な瑕疵にはあたらないと考える。
　よって，合併比率が不当であっても，合併の無効事由にはならないと考える。
　……
　では，株主総会における合併を承認する特別決議（783条1項等・309条2項12号）に取消事由があることは，合併の無効事由となるか。
　合併は会社の基盤の変更にあたり，株主に重大な影響を与えることになるから，株主総会特別決議に取消事由があることは，重大な瑕疵として合併の無効事由となると考える。
　そして，合併無効の訴えには提訴期間があることから，総会決議の取消判決を得ずに，合併無効の訴えの中で，総会決議の取消事由を合併の無効事由として主張しうると考える。

---

[68] 詳しくはリークエ429頁，田中653頁。

29 他の株主に対する招集通知の瑕疵を理由とする総会決議の取消しの主張の可否[69]

　株主は，他の株主に対する招集通知の瑕疵を理由に，株主総会決議取消しの訴えを提起できるか。

　総会決議取消しの訴えの趣旨は，個々の株主の利害関係を超えてこうしえな決議を確保する点にある。また，831条1項柱書前段は単に「株主等」と規定し，何らの限定も付していない。

　そこで，他の株主に対する招集通知の瑕疵を理由に，株主総会決議取消しの訴えを提起できると考える。

30 株主総会における特別利害関係人[70]

　……は「特別の利害関係を有する者」（831条1項3号）にあたり，本問決議は取り消しうるのではないか。

　同号の趣旨は，株主総会決議の公正を図る点にある。

　そこで，決議の公正を図るため，「特別の利害関係を有する者」とは，株主としての資格を何らかの意味で離れた個人的利害関係を有する者を言うと解する。

---

[69] 詳しくはリークエ165頁，田中191頁。
[70] 詳しくはリークエ164頁，田中190頁。

判例百選　重要ランク分類表

　司法試験を受験するうえで，判例の勉強は避けて通ることは出来ません。そして多くの受験生の方が判例百選を利用していると思います。

　もっとも100個もの判例（第3版ではさらに40個ものAppendixが追加されました。）全てを完璧に勉強することは困難です。また，中には論文試験には出しにくいと思われる判例も存在します。

　そこで勉強の便宜のため，私なりに判例を重要度に応じてランク分けし，司法試験の合格を目指すための勉強の指針となるような一覧表を作成しました。会社法にかける時間が無い，という方は参考にしていただければと思います。

　★★★と★★は必ず解説まで何度も読むべきものです。一方，★は判旨と事案についてのみ目を通すのみで良く，マークがないものは時間がなければ見なくても良いと考えます。

　ただし，試験に出るか否かという観点ではなく，合否に影響するか否かという観点からの分類であるということには留意してください。

★★★	最重要判例。事案・判旨から解説まで何度も精読すべきと思われるもの。試験で出た場合，理由付けを踏まえて規範まですぐに書ける必要がある。
★★	重要判例。事案・判旨・解説をしっかり読み，試験で出た場合，判例の存在には気付けるレベルにまで理解しておくべきと思われるもの。
★	試験に出る可能性はあるが，現場で対応すれば足りると思われるもの。判例の存在を知っておけば有利となるため，時間があれば，事案・判旨だけでも読んでおくと良い。
マークなし	試験に直接出る可能性は低く，万が一出題されても合否に影響しないと思われるもの。余裕のある方以外は，目を通さなくても良い。

I　会社総則

事件番号	判　例	重要度
1	最判昭 27・2・15	
2	最大判昭 45・6・24	
3	最判昭 44・2・27	★
4	最判平 17・7・15	

II　株式会社

(1)　設立

事件番号	判　例	重要度
5	最判昭 33・10・24	★★
6	最判昭 61・9・11	★★★
7	大判昭 2・7・4	★
8	最判昭 38・12・6	★★

(2)　株式・新株予約権

事件番号	判　例	重要度
9	最判昭 42・11・17	★
10	最判平 2・12・4	★
11	最判平 9・1・28	★
12	最判平 27・2・19	★★
13	最大判昭 45・7・15	★
14	最判平 18・4・10	★★
15	最判昭 41・7・28	★★
16	最判平 19・3・8	★
17	最決平 22・12・7	
18	最判昭 48・6・15	★★
19	大阪地決平 25・1・31	
20	最判平 7・4・25	★

事件番号	判　例	重要度
21	最判平 5・9・9	★
22	東京地決平 16・6・1	★★★
23	最判平 27・2・19	★★
24	最判昭 46・7・16	★★★
25	最判昭 40・11・16	
26	最判昭 60・3・7	★
27	最判平 9・1・28	★★★
28	東京地決平 18・6・30	
29	最判平 24・4・24	★★★

(3)　株主総会

事件番号	判　例	重要度
30	最判昭 60・12・20	★★
31	東京高決平 24・5・31	★
32	最判昭 43・11・1	★
33	大阪高決平 58・10・27	
34	東京地判平 19・12・6	★
35	東京高判昭 61・2・19	★
36	最判昭 42・9・28	★★★
37	最判昭 51・12・24	★
38	最判昭 45・4・2	★
39	最判昭 58・6・7	
40	最判昭 46・3・18	★★
41	最判平 2・4・17	★★
42	最判昭 53・7・10	★
43	最判昭 54・11・16	★

(4) 取締役・取締役会

事件番号	判　例	重要度
44	最判昭 57・1・21	★
45	最判平 20・2・26	★
46	最判昭 45・11・6	★
47	最判昭 50・6・27	★
48	最判昭 52・10・14	★★
49	最判平 12・7・7	★
50	最判平 22・7・15	★★★
51	最判平 20・1・28	★★
52	最判平 21・7・9	★★★
53	福岡高判平 24・4・13	★★
54	東京高判平 25・4・17	★★★
55	東京地判昭 56・3・26	★★★
56	最判昭 49・9・26	★★
57	最大判昭 46・10・13	★★
58	最大判昭 43・12・25	★★★
59	最決平 18・9・28	★
60	東京地決平 16・6・23	★★
61	最判昭 39・12・11	★★
62	最判平 4・12・18	★★
63	最判平 6・1・20	★★★
64	最判昭 40・9・22	★★★
65	最判昭 44・12・2	★★★
66	最判昭 44・3・28	★★★
67	最判平 21・3・10	★
68	東京高決平 7・2・20	★
69	最決平 13・1・30	★

70	最大判昭 44・11・26	★★★
71	最判昭 48・5・22	★★★
72	最判昭 62・4・16	★★
73	東京地判平 19・11・28	★

(5) 監査役・会計監査人

事件番号	判　例	重要度
74	最判昭 61・2・18	
75	大阪地判平 20・4・18	

(6) 計算

事件番号	判　例	重要度
76	最判平 20・7・18	
77	最判平 16・7・1	★
78	最決平 21・1・15	★
79	大判昭 7・4・30	

Ⅲ　持分会社

事件番号	判　例	重要度
80	最判昭 49・12・20	
81	最判昭 62・1・22	
82	最判昭 61・3・13	

Ⅳ　社債

事件番号	判　例	重要度
83	名古屋高判平 21・5・28	★
84	大判昭 3・11・28	

V　組織再編・解散

事件番号	判　例	重要度
85	最大判昭 40・9・22	★★★
86	最決平 23・4・19	
87	最決平 24・2・29	
88	最決平 28・7・1	
89	東京高決平 20・9・12	
90	最決平 27・3・26	
91	東京高判平 2・1・31	★★
92	名古屋地判平 19・11・21	★
93	最判平 24・10・12	★
94	最判平 22・7・12	
95	東京地判平元・7・18	★

VI　企業買収・支配権の争奪

事件番号	判　例	重要度
96	最決平 16・8・30	
97	東京高判昭 48・7・27	★★★
98	東京高決平 16・8・4	★★★
99	東京高決平 17・3・23	★★★
100	最決平 19.8.7	★★
101	最判平 5・12・16	★★
102	最判平 6・7・14	★★★

VII　刑事事件

事件番号	判　例	重要度
103	最決平 3・2・28	★
104	最判昭 44・10・16	

Appendix
【Ⅱ　株式会社】
(1) 設立

事件番号	判　例	重要度
A 1	最判昭 35・12・9	

(2) 株式・新株予約権

事件番号	判　例	重要度
A 2	名古屋高決平 22・6・17	
A 3	福岡高判平 26・6・27	
A 4	最大判昭 47・11・8	
A 5	最判昭 35・9・15	
A 6	最決平 25・11・21	

(3) 株主総会

事件番号	判　例	重要度
A 7	東京高判平 27・3・12	★
A 8	最判平 8・11・12	★
A 9	最判昭 37・3・8	
A10	東京地決平 24・1・17	★
A11	東京地決平 20・12・3	
A12	最判平 10・11・26	

(4) 取締役・取締役会

事件番号	判　例	重要度
A13	最判平 21・4・17	
A14	東京高判平 12・5・30	
A15	大阪高決平 25・11・8	
A16	東京高判平元・10・26	★★
A17	最判平 15・2・21	★★

事件番号	判　例	重要度
A18	最判平 21・12・18	★★
A19	最判平 21・3・31	
A20	東京高判平 26・4・24	★
A21	大阪高判平 11・6・17	★
A22	東京高判平 17・1・18	★★
A23	大阪高判平 23・5・25	★
A24	東京地判平 21・2・4	★
A25	大阪高判平 27・10・29	★★
A26	東京地判平 23・9・29	★★
A27	大阪高決昭 55・6・9	

(5) 監査役・会計監査人

事件番号	判　例	重要度
A28	東京地判平 24・9・11	★
A29	大阪高判平 27・5・21	★

(6) 計算

事件番号	判　例	重要度
A30	横浜地判平 3・4・19	

【Ⅳ　社債】

事件番号	判　例	重要度
A31	最判平 15・2・21	
A32	東京地決平 19・11・12	

【Ⅴ　組織再編・解散】

事件番号	判　例	重要度
A33	東京高決平 22・10・19	
A34	東京地決平 25・7・31	
A35	名古屋地一宮支判平 20・3・26	★★

事件番号	判　例	重要度
A 36	東京高判平 24・6・20	
A 37	最判平 20・6・10	★★

【Ⅵ　企業買収・支配権の争奪】

事件番号	判　例	重要度
A 38	東京高決平 17・6・15	★
A 39	東京地判平 26・11・20	

【Ⅶ　刑事事件】

事件番号	判　例	重要度
A 40	最判昭 42・12・14	

判 例 索 引

最判昭 36. 3 .31 ……………………13
最判昭 38. 9 . 5 ……………………79
最判昭 40. 9 .22,百選 64 事件………71
最大判昭 40. 9 .22,百選 85 事件………103
最判昭 44.12. 2 , 百選 65 事件………135
最判昭 46. 7 .16, 百選 24 事件……10, 11
最判昭 52.10.14, 百選 48 事件………70
東京地判昭 56. 3 .26, 百選 55 事件………96
最判昭 57. 1 .21, 百選 44 事件………154
最判昭 60. 3 .26……………………136
最判昭 61. 9 .11, 百選 6 事件………104
最判平 4 .12.18, 百選 62 事件………137, 154
神戸地判平 5 . 2 .24 ………………13
最判平 6 . 1 .20, 百選 63 事件…40, 41, 104
最判平 6 . 7 .14, 百選 102 事件………13, 14
最判平 12. 7 . 7 ……………………17
東京高判平 15. 1 .30………………68
高松高決平 18.11.27………………155
最判平 20. 1 .28, 百選 51 事件………21
最判平 21. 1 .15, 百選 78 事件………52
最判平 21. 7 . 9 , 百選 52 事件……145, 146
最判平 22. 7 .15, 百選 50 事件………22, 24
最判平 24. 4 .24, 百選 29 事件……107, 115

189

冨永　勇樹（とみなが　ゆうき）

東京都出身，東京大学卒業。東京大学法科大学院2年在学中の平成27年に司法試験予備試験に合格し，翌平成28年に司法試験に一発合格。司法試験合格時の成績は，総合順位2桁台，民事系科目上位5％以内，商法の評価はA。受験におけるモットーは，「負荷をかけずに結果を出す」。司法試験合格後から同級生や後輩の受験指導にあたっている。

辰已法律研究所（たつみほうりつけんきゅうじょ）
http://www.tatsumi.co.jp

司法試験，ロースクール入試，司法試験予備試験，司法書士試験，社会保険労務士試験，弁理士試験，行政書士試験の受験指導機関。1973年に誕生して以来，数え切れない司法試験合格者を法曹界に送り出している。モットーは，「あなたの熱意，辰已の誠意」。司法試験対策におけるシェアは業界トップであり，2016年度の辰已全国総合模擬試験には実に2968名の参加を得ている。「スタンダード短答オープン」「スタンダード論文答練」等の講座群，「肢別本」「Newえんしゅう本」「条文・判例スタンダード」「趣旨・規範ハンドブック」等の書籍群は，司法試験受験生，予備試験受験生から，合格のための必須アイテムとして圧倒的支持を受けている。

予備試験・司法試験短期合格者本
読み解く合格思考　商法

平成29年3月30日　　　　初版　第1刷発行

著　者　冨永　勇樹
発行者　後藤　守男
発行所　辰已法律研究所
〒169-0075
東京都新宿区高田馬場4-3-6
TEL．03-3360-3371（代表）
印刷・製本　　（株）廣済堂

©Y. Tominaga　2017　Printed in JAPAN
ISBN978-4-86466-323-6

【 予備試験 講座案内 】　　【「読み解く合格思考」読み解きガイドブック講座 】

「読み解く合格思考」の著者自らがその言葉の本当の意味・重要性を「読み」「解く」　**全18時間**

予備試験・司法試験短期合格者本
「読み解く合格思考」読み解きガイドブック講座

憲法　民法

本講座はいずれも 2015/12/17 ～ 12/28 にかけて収録したものです。

本講座では「読み解く合格思考」憲法＆民法を使用。
著者自らがその言葉を1つ1つを読み解きさらに分かりやすく解説します！

予備試験・司法試験を短期で合格した若手合格者による、「合格思考」を学ぶ書籍シリーズが登場です。彼らは、ベテラン受験生以上の圧倒的な勉強量と深い理解のもとで、短期間で見事司法試験を突破しています。本書では、彼らの深い理解に裏付けられた合理的な学習法・思考法に触れることができるでしょう。

これから予備試験・司法試験を目指す方も、今壁にぶつかっている受験生も、一読の価値のある内容です。

憲法では、良問と名高い旧司法試験過去問を現行の司法試験の形式（主張・反論型）にアレンジした問題と、その解説を掲載しています。また、総論として権利の性質ごとに答案の書き方を解説しています。直近の司法試験3年分の解説と、予備試験で出題された統治機構の問題についても解説しています。

民法では、やはり良問である近時の旧司法試験過去問計18問（平成14年度以降）を掲載・解説しています。そこでは、当事者の「生の主張」を考えることで、暗記ではなく理解することを主眼としています。

著者である「予備試験・司法試験短期合格者」自らが初学者でもその内容をわかりやすく理解しやすいように読み解き方をガイドします。

● **WEBスクール**
好評配信中
～配信終了7/7（金）
（申込締切6/30（金））

※辰已部WEB（WEBスクール）でのお申込日から1週間～10日ほどで教材一式をお届け致します。教材PDFのダウンロードはございません。

● **通信部DVD**
受付次第随時発送

■ **講座仕様**
● **回数／時間**
・憲法　全3回／全9時間
・民法　全3回／全9時間

● **別売教材**
・**憲法**
★予備試験・司法試験短期合格者本1/3
「読み解く合格思考 憲法」
玄 唯真 著／辰已法律研究所
定価 本体価格 2,300円＋税

・**民法**
★予備試験・司法試験短期合格者本2/3
「読み解く合格思考 民法」
※本講座・民法では（第2刷）を使用します。
菅野 邑斗 著／辰已法律研究所
定価 本体価格 2,400円＋税

● **講師**
・**憲法**
平成25年予備試験合格・平成26年司法試験合格者
玄 唯真 講師
中央大学法学部出身。第6期修習終了。
平成26年司法試験合格後に短期合格者講義「要するにこう書けば合格。趣旨・ヒアリングのエッセンス抽出講座」を担当し好評を博す。

・**民法**
平成24年予備試験合格・平成25年司法試験合格者
菅野 邑斗 講師
中央大学法学部出身。第68期修習終了。
平成25年司法試験合格後に短期合格者講義「肢別本で築く論文の基礎」を担当し好評を博す。

■第1弾 憲法（全9時間）
※本講座は使用教材である予備試験・司法試験短期合格者本1/3「読み解く合格思考 憲法」の構成に従って進行していきます（予定）。

【第1部】 憲法答案の書き方
「憲法上の権利の制約」の認定→「判断枠組み」の定立→問題文に即した「個別的具体的検討」、という思考・検討は「原告の主張」→「被告の反論」→「私見」の順でするという実践・総論部分の統一的な認識と各論での（全体13条、21条をもとに）答案の書き方を解説。

【第2部】 短文事例問題で判断枠組みの構築を学ぼう
旧司憲法過去問（現行司法試験に即した出題形式にアレンジ）の異なる3タイプの具体的な検討とその思考を確認
①憲法上の権利の制約 旧司平成10年度第1問
②判断枠組み 旧司昭和56年度第1問
③個別的具体的検討 旧司平成18年度第1問

【第3部】 長文事例問題にチャレンジ
平成26年司法試験問題を素材として実際に「憲法上の権利の制約」の認定→「判断枠組み」の定立→問題文に即した「個別的具体的検討」、という思考・検討を示す

【第4部】 統治の問題について
統治の解法パターンの具体的な提示と平成27年司法試験予備試験を素材としたその実践

■第2弾 民法（全9時間）
※本講座は使用教材である予備試験・司法試験短期合格者本2/3「読み解く合格思考 民法」の構成に従って進行していきます（予定）。

【第1章】 イントロダクション
民法の問題を「理解」するとは？
「当事者の生の主張を考える」ことの本当の意義とその具体例（旧司平成7年第1問及び平成25年民事系第1問）
事案解決のための「法的構成の設定」→「要件の検討」→「論点の整理」という答案の流れの確認

【第2章】 基礎編
司法試験、予備試験の論文対策の素材としての旧司論文過去問検討（解説と講師作成参考答案を素材とした具体的な分析）
①平成21年第1問（表見代理）
②平成18年第2問（94条2項類推適用）
③平成17年第1問（動産の二重譲渡・抵当権の効力）

【第3章】 発展編
司法試験、予備試験の論文対策の素材としての旧司論文過去問検討（解説と講師作成参考答案を素材とした具体的な分析）
①平成15年第1問（動物占有者の責任）
②平成21年第2問（遺産分割）

※憲法・民法とも上記予定は、実際の講義において若干の内容変更等がある可能性があります。予めご了承ください。

		時間数	WEBスクール			DVD		
			申込コード	辰已価格	代理店価格	申込コード	辰已価格	代理店価格
憲法・民法セット		18	17834E	¥38,800		Z-373R	¥40,700	¥38,665
科目別	憲法	9	17835E	¥20,400		R-704R	¥21,400	¥20,330
	民法	9	17836E	¥20,400		R-705R	¥21,400	¥20,330

※1 通信部WEBスクールについては、生協等の代理店でのお申込みはできません。
辰已WEBスクール（辰已HP上）でお申込みいただくか、各本校窓口にお問い合わせください。

DVDはEショップでの購入が簡単！便利！詳しくは辰已HPをご覧ください。

※料金お得なDVDフェアを実施している場合がございます。詳細は辰已HPや専用パンフレットをご参照ください。

【 予備試験 講座案内 】　　　　　　　　　　　　　　【 予備試験・総択 】

予備試験 総択

辰已総合短答式試験
今年の総択もどこよりも豊富な選べる複数日程をご用意！

2回一括申込

本試験コース 東京 第1回
- A日程：4/22（土）
- B日程：4/23（日）
- C日程：4/29（土・祝）
- D日程：4/30（日）

※第1回のみ単回申込はございません。

本試験コース 東京 第2回
- A日程：5/6（土）
- B日程：5/7（日）
- C日程：5/13（土）
- D日程：5/14（日）

単回申込

真剣・緊張・迫力
本試験前の本試験

※試験会場は、原則として、辰已法律研究所各本校となります。
※第1回をA日程、第2回をB日程で、または、第1回をC日程、第2回をA日程で受験することも可能です。

●受け方いろいろ！辰已は選べます。
① **本試験コース**…第1回・第2回、本試験のシミュレーション
② **平日2分割コース**…第1回・第2回、会社・学校帰りの夜に！
③ **時間短縮コース**…第2回のみ、時間のない方に最適！

○札幌（外会場）
○仙台（外会場）
○福岡　○岡山　○京都　○東京
　　　　○大阪　　　　○横浜
　　　　　　　　○名古屋

各会場のスケジュール＆受講料や講座の詳細は、専用パンフレットをご覧下さい。

●タイムテーブル
※下記は本試験コースの時間割です。その他のコースは専用パンフレットをご覧ください。

集合時間	着席時間	試験時間	試験科目
8:45	9:15	9:45-11:15	民法・商法・民事訴訟法
-	11:45	12:00-13:00	憲法・行政法
-	14:00	14:15-15:15	刑法・刑事訴訟法
-	15:45	16:00-17:30	一般教養科目

●通信スケジュール

	発送日	申込締切	提出締切
第1回	4/17(月)	4/14(金)	4/28(金)
第2回	5/2(火)	4/29(土)	5/10(水)

17:30必着

●受講料（税込）
※お申し込みには講座コードが必要となります。専用パンフレットでご確認の上お申込下さい。

		会場受験		通信受験		会場受験＋通信受験	
		辰已価格	代理店価格	辰已価格	代理店価格	辰已価格	代理店価格
2回一括		¥8,100	¥7,695	¥8,900	¥8,455	¥8,500	¥8,075
単回	第1回						
	第2回	¥4,600	¥4,370	¥5,100	¥4,845		

※札幌会場は北大生協のみの申込受付となります。
北大生協受付期間：2/20(月)～4/21(金)

★本講座の申込方法・詳細は専用パンフレットをご確認ください。

●Webで解答システム

通学部をお申込の方も、例えば第1回は会場で受験し、後日第2回の資料を受け取り、第2回はWebで解答送信、といった受講方法が可能です。ご利用方法の詳細は、特設サイトにてご案内します。

スマフォでもサクサク入力できる！

★後日、辰已HPに特設サイトを掲載！

答案提出をクリック　第1回 4/28(金) 18:15　第2回 5/10(水) 18:15

総合成績速報閲覧をクリック　第1回 5/2(火) 15:00　第2回 5/16(火) 15:00

●成績表の返却が速い　辰已は成績処理が速い！

日程	全体成績表HP掲出日	個人成績表発送日
第1回	5/2(火)	5/2(火)
第2回	5/16(火)	5/16(火)

※成績発送は、第1回は日本郵便の普通郵便で、第2回は日本郵便の速達郵便を使用します。

【 予備試験 講座案内 】　　　　【 法律科目 条文・判例速まくり講義 】

予備試験総択前に短答知識を総まくり。
「短答の辰已」がおくる直前期の法律科目INPUTの定番！

WEBスクール実施
LIVEの5日後から配信開始
教材はLIVEの2日後から発送開始
スマフォもOK

短答講義

法律科目・全7科目
条文・判例 速まくり 講義

法律科目 1day 東京本校 LIVE

- 憲法………… 4/10 (月)
- 行政法……… 4/7 (金)
- 民法………… 4/11 (火)
- 商法………… 4/18 (火)
- 民事訴訟法… 4/12 (水)
- 刑法………… 4/19 (水)
- 刑事訴訟法… 4/21 (金)

講座仕様

回数	各科目・全1回 (5時間)
科目	法律科目全科目
講師	辰已専任講師・弁護士
教材	条文判例速まくりオリジナルレジュメ

お得な短答直前パック

料金お得！本講座と予備短択（2回一括）のパックがオススメです。
★詳細は専用パンフレット 参照

全部受けても、たったの35時間

60点満点		90点満点			60点満点	
憲法速まくり 300分	行政法速まくり 300分	民法速まくり 300分	商法速まくり 300分	民訴速まくり 300分	刑法速まくり 300分	刑訴速まくり 300分

短答合格点クリアの鍵は基礎的な条文・判例の理解。
短答直前だからこそ「基礎」を確認。

短答直前期では、陥りがちな詰め込むばかりの暗記に頼るのでは非効率で時間ばかりを費やしてしまいます。直前対策として重要なことは試験で問われる可能性の高い知識を中心に全科目を体系的に、かつ、集中的に理解することです。

試験でも基礎的な条文・判例を正確に理解できているかを問うています。受験生はその要求にこたえるためにいかにして学習をすべきかが重要なのです。

辰已は現在もなお「短答の辰已」として受験生の絶大なる信頼を集めています。これまで実施された新旧司法試験や予備試験の短答過去問を徹底的に研究しその膨大なデータの中から、試験で必ず問われる、また、本年の試験で問われる可能性の高い重要な知識だけに絞り込んで講義を展開していきます。この講義で扱う知識を一通り押さえておけば短答前夜に慌てることはありません。

試験会場で直前にチェックできるツールとしても最適！
速まくりオリジナルレジュメでさらに「使える知識」にブラッシュアップ！

本講義で使用する「速まくりオリジナルレジュメ」は、各科目の特性を踏まえ、試験で必ず問われる、問われる可能性の高い知識について体系的にまとめたものです。各科目300分と非常にスピード感に溢れた講義ですので、すべての知識を網羅するものではありませんが、直前期に押さえるべき「基礎」的な知識がふんだんに盛り込んだ構成となっているので、今まで学習してきた知識が本講義で体系的に再構築され、本番で「使える知識」にブラッシュアップされます。

試験前日や当日会場での直前チェックにも最適なツールとして役に立つはずです。

●受講料（税込）　　※お申し込みには講座コードが必要となります。
　　　　　　　　　　専用パンフレットでご確認の上お申し下さい。

	通学部（LIVE・ビデオブース）		通信部（WEBスクール）		通信部（DVD）	
	辰已価格	代理店価格	辰已価格	代理店価格	辰已価格	代理店価格
条文判例一括+一般教養科目	¥82,600	¥78,470	¥86,100		¥90,300	¥85,785
条文判例一括	¥65,200	¥61,940	¥67,800		¥71,200	¥67,640
条文判例科目別	¥9,800	¥9,310	¥10,200		¥10,700	¥10,165

※本講座の申込方法は、詳細は専用パンフレットをご確認ください。
※各種割引については大学生協・提携書店ではお取り扱いしておりません。
※教育ローン・Eローンは合計金額3万円以上でご利用いただけます。

スケジュール＆受講料や講座の詳細は、
専用パンフレットをご覧下さい。

【 予備試験 講座案内 】　　　　　　　　　　　　　　【 一般教養速まくり講義 】

短答講義

一般教養速まくり講義 人文科学・社会科学

直前期は点数UPの見込める『社会科学』『人文科学』が狙い目

WEBスクール実施
4/10（月）から配信開始
教材は4/9（日）から発送開始
スマフォもOK

一般教養 2days
東京本校 LIVE
人文科学 4/3（月）
社会科学 4/5（水）

辰已各本校 VB
4/9（日）利用開始

通信部発送
4/12（水）以降随時

講座仕様

回数	全2回（8時間）
科目	一般教養科目（人文科学、社会科学）
教材	講師作成オリジナルレジュメ

お得な短答直前パック
料金お得！本講座と予備総択（2回一括）のパックがオススメです。
★詳細は専用パンフレット参照

たった2日間・8時間の集中講義！
得点源の『社会科学』『人文科学』を「一問一答式」講義で攻めまくる！

短答の正答率・選択率を下のように図式化すれば、まず解答すべきは、Aブロックの問題になります。

そこで、Aブロックの問題は確実に、少しでも多く解けるようになることが、逆にDブロックの問題については早く見切りをつけられるようにすることが一般教養征服の近道です。Bブロック・Cブロックの問題は各人の得意分野によって対応が異なるでしょう。役立ちかつ重要度の高い知識をスピード感溢れる講義の中で、全科目を体系的に、かつ、集中的に理解しましょう。

そこで、本講義では、過去の短答本試験出口調査データをもとに、**最も予備受験生の正答率・選択率の高い「社会科学」・「人文科学」の分野に焦点**を当て、この分野のプロ、伊藤講師による最も効率がよく頭に残りやすい『**一問一答式**』講義を展開。

最も配点の高い一般教養で、すこしでも得点を伸ばすことで、法律科目の失敗を挽回できるはずです。

	Bブロック	Aブロック
正答率	選択した受験生が少なくかつ正答率が高い	選択した受験生が多くかつ正答率が高い
	Dブロック	Cブロック
	選択した受験生が少なくかつ正答率が低い	選択した受験生が多くかつ正答率が低い
	選択率	

伊藤賀一 先生
Gaichi itoh

Profile
東進ハイスクールを経て、現在はリクルート「受験サプリ」日本史・倫理・政経・現社講師および「勉強サプリ」中学社会（地理・歴史・公民）。著書は『世界一おもしろい日本史の授業シリーズ』（KADOKAWA）など多数。

●受講料（税込）

※お申し込みには講座コードが必要となります。
専用パンフレットでご確認の上お申込下さい。

	通学部(LIVE・ビデオブース)		通信部(WEBスクール)		通信部(DVD)	
	辰已価格	代理店価格	辰已価格	代理店価格	辰已価格	代理店価格
一般教養速まくり講義	¥18,300	¥17,385	¥19,200		¥20,200	¥19,190
条文判例一括+一般教養科目	¥82,600	¥78,470	¥86,100		¥90,300	¥85,785

★本講座の申込方法・・・詳細は専用パンフレットでご確認ください。
※基礎割については大学生堂・提携業者には取扱いできません。
●教育ローン・Eローンは（購入金額合計金額3万円以上）でご利用いただけます。

スケジュール＆受講料や講座の詳細は、専用パンフレットをご覧下さい。

【予備試験 講座案内】

予備試験
論文予想答練

予備元年から6年連続でズバリ的中！
的中力が違う！受けやすさが違う！

論文予想答練 開講日 他の日程もございます。詳しくは専用パンフレットをご覧ください。

	東京本校	横浜本校	大阪本校	京都本校	名古屋本校	福岡本校	通信部発送
発表前	5/29 (月)～	5/29 (月)～	5/29 (月)～	5/30 (火)～	5/29 (月)～	5/29 (月)～	5/30 (火)～
発表後	6/19 (月)～	6/19 (月)～	6/19 (月)～	6/19 (月)～	6/19 (月)～	6/19 (月)～	6/16 (金)～

講座仕様

- **教材**
  ①問題冊子
  ②解説冊子
  ③答案シート
  ④総合成績表
  ⑤優秀答案集
  ⑥採点総評
- **Eスクール** ネットで答案提出あり（専用パンフレット参照）※事前に利用申請が必要です。
- **成績** 総合成績表（全体得点分布表）
- **添削採点** あり

旧司法試験時代からの実績。新司法試験の圧倒的母集団。
そして予備試験でもやっぱり辰已！

予備試験の論文は、科目数が多く直前期にやるべきことが多いため、辰已の論予・論公はコンパクトなカリキュラムを採用。論予で試験2年分を書いて答案感覚を呼び覚まし、論公で試験1年分を試験本番通りの時間割で書いて最終仕上げ。論文直前期に必要にして十分な演習が行えます。
短答発表前から科目別に書いていくコースから、発表後の週末集中コースまで多様な日程を用意。受けやすさも抜群です。
しかも辰已の論予は初年度からズバリ的中。今年も是非ご期待ください。

東京本校標準スケジュール

科目		出題問数	発表前コース	発表後コース
憲法・行政法	第1回	2問	5/29 (月)	6/19 (月)
	第2回	2問	5/30 (火)	6/20 (火)
民法・商法・民事訴訟法	第1回	3問	6/1 (木)	6/22 (木)
	第2回	3問	6/2 (金)	6/23 (金)
刑法・刑事訴訟法	第1回	2問	6/5 (月)	6/26 (月)
	第2回	2問	6/6 (火)	6/27 (火)
法律実務基礎科目	第1回	2問	6/8 (木)	6/29 (木)
	第2回	2問	6/9 (金)	6/30 (金)
一般教養科目	第1回	1問	6/12 (月)	7/3 (月)
	第2回	1問	6/12 (月)	7/3 (月)

全10回 全20問

■特典
今年、論文も一気に合格！辰已が応援。

総択受験者最大10%OFF
総択を申込まれた方全員が対象です。
予備試験総択を申込まれた方には論文予想答練（一括）及び論文公開模試又はこれらを含む論文直前講座のパックの受講料を割引いたします。短答直前講座は対象外です。
・予備総択単回申込→5％OFF
・予備総択2回一括申込→10％OFF

■受講料 論予・論公をパックでお得！

論文予想答練	通学部		通信部	
	辰已価格	代理店価格	辰已価格	代理店価格
フルコース一括	¥45,200	¥42,940	¥49,800	¥47,310
ハーフコース一括	¥38,100	¥36,195	¥42,000	¥39,900

論予＋論公セット価格	通学部		通信部	
	辰已価格	代理店価格	辰已価格	代理店価格
論文予想答練（フルコース）＋論文公開模試（添削あり）	¥64,700		¥71,100	
論文予想答練（ハーフコース）＋論文公開模試（添削あり）	¥58,000		¥63,700	

※論文公開模試（添削なし）との組み合わせもあります。
※論文予想答練（ハーフコース）は奇数回のみを受講対象とし、偶数回は資料渡しとなります。

★本講座の申込方法…詳細は専用パンフレットをご確認ください。
※各種割引については大学生・提携書店ではお取り扱いしておりません。
▲教育ローン・EDローンは購入合計金額3万円以上にてご利用いただけます。

スケジュール＆受講料や講座の詳細は、専用パンフレットをご覧下さい。

【予備試験　論文予想答練】

論文予想答練

東京本校標準スケジュール

日	月	火	水	木	金	土
21 短答本試験	22	23	24	25	26	27
28	29 論予発表前	30 論予発表前	31	1 論予発表前	2 論予発表前	3
4	5 論予発表前	6 論予発表前	7	8 論予発表前	9 論予発表前	10
11	12 論予発表前	13	14	15 短答発表	16	17 論予X①
18 論予X②	19 論予発表後	20 論予発表後	21	22 論予発表後	23 論予発表後	24 論予Y① 論公A① 論公C
25 論予Y② 論公A②	26 論予発表後	27 論予発表後	28	29 論予発表後	30 論予発表後	1 論公B
2 論公B②	3 論予発表後	4	5	6	7	8
9	10	11	12	13	14	15
16 論文本試験	17 論文本試験	18	19	20	21	22

あなたの直前計画にマッチする多彩な日程
受けやすいのは辰已

例えば、
辰已ならこんな受け方も可能！
短答発表後から一気に追い込む
本試験と同じ時間割で
週末3連続・本試験3年分を書く。

→ 1週目：論予発表後週末集中 X 日程
→ 2週目：論予発表後週末集中 Y 日程
　　　答案自宅作成制度利用者のための
　　　問題配付開始日
→ 3週目：論文公開模試 B 日程

この受講モデルの時間割は、
下記のようになります。

仕事が忙しい社会人に好評!!
パソコンで書いて答案を出せる
Eスクールも利用できます。

・答案提出がスピーディー
・答案提出の郵送費が無料
・入力したテキストDATAが残るので添削の指摘を基に書き直しも容易！

論予週末集中＋論公　週末3連続で本試験3年分

論予	論公		試験科目	試験時間		試験科目	試験時間
1週目	発表後週末集中X日程		第1日目 6/17 (土)	憲法/行政法① 9:30-11:50 刑法/刑事訴訟法① 13:15-15:35 一般教養① 16:30-17:30	第2日目 6/18 (日)	法律実務基礎 (民事・刑事) ① 民法/商法/民事訴訟法①	9:30-12:30 14:00-17:30
2週目	発表後週末集中Y日程	A日程	第1日目 6/24 (土)	憲法/行政法② 9:30-11:50 刑法/刑事訴訟法② 13:15-15:35 一般教養② 16:30-17:30	第2日目 6/25 (日)	法律実務基礎 (民事・刑事) ② 民法/商法/民事訴訟法②	9:30-12:30 14:00-17:30
3週目		B日程	第1日目 7/1 (土)	憲法/行政法 9:30-11:50 刑法/刑事訴訟法 13:15-15:35 一般教養 16:30-17:30	第2日目 7/2 (日)	法律実務基礎 (民事・刑事) 民法/商法/民事訴訟法	9:30-12:30 14:00-17:30

point 縦積みフレックス
昼枠14:00〜　夜枠18:30〜
1日集中で奇数偶数2回分を
一気に演習できる。

point ハーフコースもあり
奇数回のみ受講。偶数回は
資料渡し。

point 一般教養も縦積み受講
試験時間が1時間と短い一般
教養は、1日で2回実施。時
間をかけて来た以上、2問分
を書くのが効率的です。

【予備試験 講座案内】

予備試験 論文公開模試

他の追随を許さない圧倒的なクオリティー！
的中力が違う！監修者が違う！

論文公開模試 開講日

	東京本校	横浜本校	大阪本校	京都本校	名古屋本校	福岡本校	通信部発送
A日程	6/24(土)～	6/24(土)～	6/24(土)～	6/24(土)～	6/24(土)～	6/24(土)～	6/20(火)
B日程	7/1(土)～	7/1(土)～	7/1(土)～		7/1(土)～	7/1(土)～	6/20(火)

※添削なしコースもございます。添削なしコース通学部は、各本校窓口にて6/24以降に資料をお渡しします。

講座仕様

予想答練・公開模試共通

- **教材**
  ①問題冊子
  ②解説冊子
  ③答案シート
  ④総合成績表
  ⑤優秀答案集
  ⑥採点総評
- **Eスクール** ネットで答案提出あり
  (専用パンフレット参照)
  ※事前に利用申請が必要です。
- **成績** 総合成績表
  (全体得点分布表)
  個人成績表
- **添削採点** あり

予備論公受講者特典

予備口述試験から探る 予備試験重要論点レジュメ

過去の口述試験を分析して、論文合格の為に必要な重要論点をまとめました。論文試験対策にお役立てください。

※論文公開模試の第2日目試験終了時にお渡しします。通学部自宅作成コース及び通信部は、問題と一緒にお渡しします。

辰已ならではの豪華監修陣

- **法律実務基礎科目は元司法研修所教官が監修**
- **法律基本科目は新旧司法試験・予備試験の指導経験豊富な辰已専任講師が監修**

平成24年司法試験予備試験法律実務基礎科目に関しては、司法研修所教官が(司法試験との兼務ではない)予備試験専属の考査委員として任命されています(司法試験委員会会議(第81回)議事要旨別紙2、平成24年2月6日付官報参照)。また、「司法試験予備試験のサンプル問題に関する有識者に対するヒアリングの概要(法律実務基礎科目(民事))」でも、要件事実のテキストとして紹介されている『問題研究　要件事実』は司法研修所で編集されています。さらに、昨年の刑事実務基礎の本試験問題等は本来司法修習で学習するレベルのものとの指摘もあります。

このように、予備試験法律実務基礎科目に関しては、司法研修所の影響が非常に大きいと考え、元司法研修所教官に監修をお願いいたしました。

また、昨年の法律基本科目の本試験問題は、比較的短文で旧司法試験に近い科目から、比較的長文で新司法試験に近い科目まで千差万別というのが実情です。

このため、法律基本科目に関しては、新旧司法試験・予備試験の指導経験が豊富な辰已専任講師が、各科目の出題形式の特徴や考査委員の関心分野等を徹底研究しつつ監修いたします。

■カリキュラム　本試験の時間割で完全シミュレーション

	試験科目	試験時間	出題問数
第1日目	憲法・行政法	9:30-11:50	計2問
	刑法・刑事訴訟法	13:15-15:35	計2問
	一般教養科目	16:30-17:30	計1問
第2日目	法律実務基礎科目(民事・刑事)	9:30-12:30	計2問
	民法・商法・民事訴訟法	14:00-17:30	計3問
	試験時間		合計10問

■受講料(税込) 論予・論公をパックでお得！

論文公開模試

	通学部		通信部	
	辰已価格	代理店価格	辰已価格	代理店価格
添削あり	¥22,900	¥21,755	¥25,000	¥23,750
添削なし	¥16,800	¥15,960	¥18,400	¥17,480

※通学部の「添削なし」コースは、各本校窓口での資料渡しとなります。(6/24以降のお渡しとなります)

論文+論公セット価格

	通学部		通信部	
	辰已価格	代理店価格	辰已価格	代理店価格
論文予想答練(フルコース)+論文公開模試(添削あり)	¥64,700		¥71,100	
論文予想答練(ハーフコース)+論文公開模試(添削あり)	¥58,000		¥63,700	

※論文公開模試(添削なし)との組み合わせもあります。
※論文予想答練(ハーフコース)は奇数回のみを受講対象とし、偶数回は資料渡しとなります。

★本講座の申込方法...詳細は専用パンフレットをご確認ください。
辰已 / 大学 / 提携 / 〒 / BANK / デパート / 教育E / WEB E
窓口 / 生協 / 書店 / / / / ローン / ローン / カード / ショップ

※各種割引については大学生協・提携書店でも同様に取り扱います。
※教育ローン・Eローン購入合計金額3万円以上でご利用いただけます。

スケジュール&受講料や講座の詳細は、専用パンフレットをご覧下さい。

【予備試験 論文公開模試】

論文公開模試

監修 WEB解説講義	憲法・行政法	柏谷周希先生	第3回新司法試験に受験1回目で合格（論文成績合格者上位10％内）。学部時代に辰已専任講師・弁護士 荒木雅晃先生の薫陶を受け論証パターンに頼らない「実務家の書き方」で答案を書くのを信条とする。第5回新司法試験受験生の自主ゼミにて指導し、二桁順位合格者を輩出するなど、指導方法に定評がある。
監修 WEB解説講義	民法・商法・民事訴訟法	金沢幸彦先生	早稲田大学政経学部卒、中央大学法科大学院（既修者コース）修了。新司法試験に受験1回で上位合格（総合63位、論文総合58位）を果たした実力派講師。その鋭い答案分析、受講生に対する懇親丁寧な指導等で好評を得る。司法修習終了後に弁護士登録とともに講師に復帰し予備試験スタンダード論文答練の解説講義、提携大学における入門講座などを担当して多くの受験生に接し好評を得る。
監修 WEB解説講義	刑法・刑事訴訟法	原 孝至先生	早稲田大学法学部卒・早稲田大学法科大学院修了。第4回新司法試験合格者。司法試験合格直後から辰已の救世主に立ち短時間で成果に直結する実践的な講義を展開し、受講生から圧倒的な支持を集めた。競争が激しい大学受験予備校界で、若くしてオリジナル単科講座を有するに至った等講師としての実力は折り紙つき。現在、多数の短答及び論文の重要基幹講座を担当する実力派講師。
監修 WEB解説講義	民事実務基礎	山本和敏先生	裁判官として「宴のあと」事件第一審判決、サーベルの刀剣登録拒否処分取消請求事件第一審判決をはじめ多数の著名判決に携わる。また、司法研修所では民事裁判を中心に数多くの司法修習生や裁判官を指導。研修所教官時代に旧司法試験の考査委員も担当された。退官後、大東文化大学法科大学院で民事系の指導に当たり、新司法試験受験指導にも造詣が深い。
監修 WEB解説講義	刑事実務基礎	新庄健二先生	慶應義塾大学法学部卒。元検事（司法修習第36期）。元司法研修所検察教官・元司法試験考査委員。社会の耳目を集めたオウム事件をはじめ検察実務の最前線で活躍される一方、刑事実務教育にも携わり、実務と法曹教育の双方に通暁される。
問題 作成	一般教養	小柴大輔先生	大学および大学院で、歴史学と哲学を専攻。全学問に通じる知のベースを築いていく出発点となる。現在は、「Z会・東大進学教室」にて文系・医系小論文の他、映像配信授業も担当。リクルート：スタディサプリにても、全国数万人の視聴者に文才、センス、勘に頼らない、きちんとした文章の読み方と書き方をガイド。著書『読み解くための現代文単語』（文英堂）

論公受講者特典
WEB解説講義

　民事実務基礎を監修者の山本和敏先生、刑事実務基礎を同じく新庄健二先生が1時間で解説いたします。また、法律基本科目は憲法・行政法を柏谷周希先生、民法・商法・民訴を金沢幸彦先生、刑法・刑訴を原孝至先生が各科目を30分でスピーディーに解説。
　論文公開模試ご受講の皆様だけのスペシャル講義です（配信開始日・視聴方法は受講者限定で後日お知らせいたします）。

★ Web視聴が困難な方及びDVDによる視聴をされたい方へ
辰已各本校ビデオブース（論文公開模試を通学部で受講の方のみ）、及び、通信部（DVD販売）がございます。詳細は専用パンフレットをご覧ください。

**パソコンで書いて答案を出せる
Eスクールも利用できます。**（P.29参照）

・答案提出がスピーディー
・答案提出の郵送料が無料
・入力したテキストDATAが残るので添削の指摘を基に書き直しも容易！

仕事が忙しい社会人に好評!!

第6回予備試験合格者の声　私は辰已の答練を推薦します。

■第6回予備試験最終合格者　**U.Kさん**
中央大学法学部4年在学中に合格

　直前には、論文公開模試を受験しました。論文公開模試は**本番と同じ二日間、本番と同じ時間割で多数の受験生と一緒に緊張感の中受験することができる**ので本番のいい練習になりました。また、各科目で採点され、合計点と受験生の中での自分の順位を知ることができるので直前の最終確認にはもってこいだと思います。

【予備試験 講座案内】

論文直前講義

全部聴いても **48h**

短答本試験終了直後
5/22 (月)

通信DVD：全国発送開始
WEBスクール：配信開始
通学：各本校 Video Booth
(Live 講義はありません)

スマフォも OK
WEBスクール

★本講座の申込方法・詳細は専用パンフレットをご確認ください。
※各種割引については大学生協・提携書店ではお取り扱いしておりません。
▲教育ローン・Eローンは購入合計金額3万円以上でご利用いただけます。

ギアーを一気に論文Topシフトへ

論文速まくり特訓講義 2017

法律科目9科目＋教養小論文

ガッチリ全科目をフルスピードで制覇！
まだまだ間に合う・間に合わせる！

法律実務基礎
| 民事実務 速まくり 360分 **1** | 刑事実務 速まくり 360分 **2** |

教養
| 一般教養 速まくり 120分 **3** |

民事系
| 民法 速まくり 300分 **4** | 商法 速まくり 300分 **5** | 民訴 速まくり 300分 **6** |

公法系
| 憲法 速まくり 240分 **7** | 行政法 速まくり 300分 **8** |

刑事系
| 刑法 速まくり 300分 **9** | 刑訴 速まくり 300分 **10** |

通信受講 or 通学Video Booth受講

全部聴いても 48h

●受講料（税込）

お申し込みには講座コードが必要となります。
専用パンフレットでご確認の上お申込下さい。

		通学部（ビデオブース）		通信部（WEBスクール）		通信部（DVD）	
		辰已価格	代理店価格	辰已価格	代理店価格	辰已価格	代理店価格
一括		¥68,700	¥65,265	¥72,400		¥75,700	¥71,915
科目別	憲法	¥6,800	¥6,460	¥7,100		¥7,400	¥7,030
	行政法	¥8,400	¥7,980	¥8,900		¥9,300	¥8,835
	民法	¥8,400	¥7,980	¥8,900		¥9,300	¥8,835
	商法	¥8,400	¥7,980	¥8,900		¥9,300	¥8,835
	民訴	¥8,400	¥7,980	¥8,900		¥9,300	¥8,835
	刑法	¥8,400	¥7,980	¥8,900		¥9,300	¥8,835
	刑訴	¥8,400	¥7,980	¥8,900		¥9,300	¥8,835
	民事実務基礎	¥10,100	¥9,595	¥10,600		¥11,100	¥10,545
	刑事実務基礎	¥10,100	¥9,595	¥10,600		¥11,100	¥10,545
	一般教養	¥3,400	¥3,230	¥3,500		¥3,700	¥3,515

●論文直前答練の定番 / 論文予想答練・論文公開模試との便利なパック（フリーパック）をご利用下さい。

論文予想答練＋論文公開模試とのパック

	通学部	通信部WEBスクール	通信部DVD
	辰已価格	辰已価格	辰已価格
論予フルコース＋論文公開模試（添削有り）＋速まくり一括	¥130,000	¥139,800	¥143,000
論予ハーフコース＋論文公開模試（添削有り）＋速まくり一括	¥123,200	¥132,400	¥135,600
論予ハーフコース＋論文公開模試（添削無し）＋速まくり一括	¥124,200	¥133,600	¥136,700
論予ハーフコース＋論文公開模試（添削無し）＋速まくり一括	¥117,400	¥126,200	¥129,300

論文予想答練とのパック

	通学部	通信部WEBスクール	通信部DVD
	辰已価格	辰已価格	辰已価格
論予フルコース＋速まくり一括	¥108,200	¥116,100	¥119,200
論予ハーフコース＋速まくり一括	¥101,500	¥108,700	¥111,800

論文公開模試とのパック

	通学部	通信部WEBスクール	通信部DVD
	辰已価格	辰已価格	辰已価格
論文公開模試（添削有り）＋速まくり一括	¥87,000	¥92,500	¥95,700
論文公開模試（添削無し）＋速まくり一括	¥81,200	¥86,300	¥89,400

★本講座の申込方法・詳細は専用パンフレットをご確認ください。
※各種割引については大学生協・提携書店ではお取り扱いしておりません。

【論文速まくり特訓講義2017】

論文速まくり特訓講義

憲法 4h
論文憲法・設問形式を意識！
出たら危ない判例攻略 速まくり
辰已講師・弁護士 城戸 直樹先生

憲法の設問形式は「主張」・「反論」・「あなたの見解」という他の科目にない特殊なもの。そのため答案を書く際には「問われ方」を非常に意識できです。そこで、辰已オリジナル過去問を使用してこの「問われ方」に沿った答案の書き方をお話します。また、司法試験でも予備試験でも学者考査委員の関心分野や近時話題の判例・テーマは気になるところ。講義では、H29年考査委員の関心分野の判例を意識しつつ、H29に出題が予想される重要判例をピックアップして講義を展開していきます。

行政法 5h
答案における表現方法を意識！
「事例研究 行政法（第3版）」 速まくり
辰已専任講師・弁護士 西口 竜司先生

行政法では基本的な条文や判例を事案に即して運用していくことが求められます。しかし、短答で学習した知識を論文で問われている内容に即して表現することは苦手とするところ。そこで本講義では、基本的な知識、理解等を問う予備試験の出題方針に鑑み、『事例研究 行政法（第3版）』を使用して、初版段階から同書を深く愛し、その有用性を認めて多くの受験生に推薦してきた西口竜司先生にご講演頂きます。

民法 5h
民法改正など
考査委員の関心テーマ 速まくり
辰已専任講師・弁護士 稲村 晃伸先生

近時、民法における債権法改正が話題となり、民法改正をめぐる議論が非常にホットなところです。論文民法では有力な学者考査委員の研究・問題意識が非常に強く反映される傾向があります。今後もこの傾向は続くと予想されます。そこで、本年も債権法・相続法改正の議論の中で非常に中心となるテーマや考査委員の中で非常に影響力のある先生の関心テーマを中心に基本かつ重要な論点を潰していきます。

商法 5h
改正会社法に対応
『事例研究 会社法』 速まくり
辰已専任講師・弁護士 福田 俊彦先生

論文商法では、過去の出題傾向から、基本的な条文及び論点を重視する出題姿勢が窺えます。
そこで、予備試験考査委員である北村雅史先生が編著者になられている演習書『事例研究 会社法』の事例問題を検討しながら、会社法の基本的な条文や平成29年予備試験で出題が予想される論点を厚く講義します。
この講義を聴いて、会社法の基本的な知識を確認するとともに、論文商法の苦手意識を克服してください。

民訴 5h
論文民訴の
出題周期から見る重要論点 速まくり
辰已専任講師・弁護士 金沢 幸彦先生

論文民事訴訟法では今までの司法試験・予備試験での出題からある程度の周期性が見えてきます。そこで、過去問の分析により導かれるH29出題が予想される基本かつ重要な論点を速まくっていきます。また、辰已オリジナル過去問を使用して民事訴訟法における「問いの誘導」の仕組みを理解していただき、出題意図に沿った解答の仕方、答案の書き方をお話していきます。

刑法 5h
今年もやります！
[実務基礎ハンドブック] 刑法 速まくり
辰已専任講師・弁護士 村上 貴洋先生

論文刑法では事実認定の側面も非常に重要です。これは司法試験でも重視されていて、その「予備」試験であれば当然のことです。受験生から「BlueBook」と呼ばれ受験界で定着した「実務基礎ハンドブック」は、この事実認定の学習に必要な記載も充実しています。本書の刑法総論・各論部分から、H29出題が予想される基本かつ重要論点を答案を書くことを意識しながら解説していきます。

刑訴 5h
論文刑訴の苦手分野克服！
書けるようで書けない論点 速まくり
辰已専任講師・弁護士 柏谷 周希先生

論文刑訴法ではかつての旧司法試験から昨年に至るまで、基本的な判例理論を中心とした基本的な知識・理解を問う傾向は強いと考えられます。そこで、本講座では受験生が重要論点だと認識してしっかりと学習しているにもかかわらず、論文答練や模試、試験本番でうまく書くことができないテーマ（伝聞法則などを中心に）に絞って、試験直前に確認していただきます。

民事実務 6h
要件事実＆法曹倫理
「新版 大島眞一・入門編」 速まくり
元東京高裁判事・元司法研修所教官・弁護士 山本 和敏先生

民事実務基礎では要件事実に加え、法曹倫理も出題されます。そこで、元研修所教官の山本先生に「新版 完全講義 民事裁判実務の基礎［入門編］」を用いて民事実務基礎のポイントを解説していただきます。また、民事実務基礎の独特な書き方を学んでいただくために、辰已オリジナル過去問を用いて、実践的な講義を展開していきます。

刑事実務 6h
事実認定＆刑事手続
刑事実務基礎の頻出論点 速まくり
元東京高検検事・元司法研修所教官・弁護士 新庄 健二先生

刑事実務基礎では、3年連続で公判前整理手続が出題されるなど、短答対策としてしっかりと学習をしていても、論文で問われた際に非常に苦労する刑事手続が重要視されています。そこで、本講義では基本的な刑事手続から、犯人性や供述の信用性などの応用テーマまで論文を意識した形でスピーディーに確認していきます。

一般教養 2h
教養小論文はこれで攻略。
【出題形式別】解き方・書き方 速まくり
辰已講師 小柴 大輔先生

教養小論文でD・E評価を取らないためにどのように書くべきか、最小コストで最大パフォーマンスを発揮するための問題文の解き方を教えます。抽象度の高い硬質な文章（ただし法律論ではない）の読み方、要旨のとらえ方、要約答案の書き方、さらに意見論述の仕方を指導。文章には読み方というものがあり、要旨のまとめ方というものがちゃんと存在します。指導なしでは自己流に終始してしまい、評価される答案になりません。専門的な知識の有無は問われない一方、設問条件への誠実な対応が死活的に重要になります。その設問条件に応えるとはどういうことか、いくつものサンプルを用いて詳しく説明していきます。

辰巳の電子書籍ストア

辰巳のでじたる本

人気書籍、続々発売！

デスクトップPCでもタブレットPCでもスマホでも、いろんなところで手軽に辰巳刊行物をご覧いただける電子書籍を、ぜひご利用ください。

http://contendo.jp/store/tatsumi

答案再現集「上位者10人全科目全答案」のダイジェスト版、西口先生の「革命本」シリーズ、柏谷先生の「合格開眼本」シリーズ、ハイローヤーの特集抜粋版など、人気のコンテンツを取り揃えております。
今後も随時電子書籍を追加していく予定ですので、ご期待ください。

辰巳法律研究所

『辰巳のでじたる本』取扱いサイトはこちら！

電子書籍のことなら

電子書籍サイト[コンテン堂]

電子書籍サイト『ConTenDo｜コンテン堂』は、総合書店の「コンテン堂」と専門書店で構成されています。

【総合書店】
◎電子書籍サイト『ConTenDo｜コンテン堂』
～スマホ・タブレットPC対応、オフライン閲覧可、読みやすいConTenDoビューア～

http://contendo.jp

【専門書店】　順次開設予定！
◎ OPEN！法律系電子書籍専門店『辰巳のでじたる本』
　　～司法試験対策、法律系専門の電子書店～
◎音楽家×女優で絵本がもっと楽しくなる、「おとえほん 電子書籍ストア」
◎カーマニア専門の電子書籍ストア、「ぽらりすeBooks～クルマ仲間「名作ガレージ」」
◎三才ブックス、直営の電子書籍ストア、「三才ブックス 電子出版ストアー」
◎児童書・絵本・詩集専門の電子書店、「銀の鈴社 電子ブックストア」

辰已法律研究所の司法試験・予備試験対策書籍

● 短答対策 ●

- INPUT　・条文・判例本シリーズ（全7冊）
- OUTPUT　・肢別本シリーズ（全8冊）
- OUTPUT　・短答詳解単年版シリーズ
- OUTPUT　・短答過去問パーフェクトシリーズ（全8冊）

● 論文対策 ●

- INPUT　・趣旨・規範ハンドブックシリーズ（全3冊）
- OUTPUT　・えんしゅう本シリーズ（全10冊（必須科目7冊・選択科目3冊））
- OUTPUT　・外せない判例で押さえる答案作成マニュアル本シリーズ（全3冊）

- 再現答案&分析　・上位者10人全科目・全答案シリーズ
- 再現答案&分析　・論文過去問答案パーフェクトぶんせき本シリーズ
- 再現答案&分析　・選択科目答案のトリセツシリーズ（労働法・倒産法）

- ・司法試験論文解説＆合格エッセンス
- ・基本から合格答案を即効で書けるようになる本シリーズ（全3冊）

その他，続々刊行中！！

詳しい商品解説・簡単＆一発検索
辰已ブランド専門のネットショップ！

辰已オンラインストア

ネットで検索!!手間をかけずにご自宅で楽々購入!!

代金引換　銀行振込　郵便振込　クレジットカード

※詳しくはホームページをご覧ください。
※Eショップでは各種割引券はご使用できません。ご了承ください。

取扱商品　DVD　書籍

Eショップでは左記の商品のお申込みができます。
（通学部・通信部講座は対象外となります）

http://www.tatsumi.co.jp/eshop/

推奨ブラウザ
Windows：Internet Explorer 10/11、Firefoxの最新バージョン
※上記以外のバージョンについてはサポート範囲外となります。

● 辰已刊行書籍は，Eショップの他，辰已事務局窓口・提携書店・大学生協でもお取扱いしております。

辰已法律研究所・BLOG GUIDE

辰已法律研究所
書籍出版グループ
ブログ稼働中!!

辰已法律研究所
書籍出版グループ
オリジナルブログ

辰已刊行書籍のことなら ここ!

受験生のみなさんこんにちは。辰已法律研究所出版グループです。

出版ブログでは，辰已法律研究所が刊行する書籍・雑誌について，新刊情報や誤植のお知らせなど，受験生のみなさんに役立ついろいろな情報を随時発信しています。

辰已法律研究所は受験生のみなさんを全力で応援します。

辰已新刊情報
辰已の刊行書籍を一早くお知らせ！ちょい読みコーナーもあります。

お役立ち情報
書籍の使い方が分からない…そんな方はこちらをチェック！先輩方のアンケートから役立つ情報を掲載しています。

フェア・セール情報
フェア・セールの情報はこちらをチェック！刊行書籍をお得にご購入できます。

ベストセラー紹介（辰已・他社）
いまどんな本が売れているのか？売れ筋動向が確認できます。

誤植のお知らせ
辰已法律研究所刊行書籍について誤植が発見された場合には，こちらで随時公開をしていきます。

↓アドレスはこちら（辰已法律研究所TOPページ http://www.tatsumi.co.jp/ からも入れます）

http://blog.livedoor.jp/accstatsumi/